WESTEN

Der Profi-Heimwerker

Ein altes Haus wird wieder neu

Bauablauf, Eigenleistung, Gartenanlage

Peter Himmelhuber

Callwey

Die Dachterrasse ist nach Süden ausgerichtet. Die Satteldächer schirmen zur Straßenseite ab. Der Winkelbau gibt dem kleinen Garten eine Hinterhofatmosphäre.

GmbH & Co, Streitfeldstraße 35,
D-81673 München
e-mail: buch@callwey.de
www.callwey.de

Die Deutsche Bibliothek – CIP-Einheitsaufnahme:
Ein Titeldatensatz für diese Publikation ist bei
Der Deutschen Bibliothek erhältlich.
ISBN 3-7667-1467-8
Lithos: reproteam siefert, Ulm
Druck und Bindung: POLYGRAF PRINT spol. sr.o., Prešov

Inhalt

Der ursprünglich große Ladenraum wurde mit einer Trennwand unterteilt. Die Stahlkonstruktion fertigte nach Plänen des Architekten ein Schlosser an. Der Stahlrahmen wird nach dem Ausbau der Räume mit Schutzglasscheiben bestückt.

Einleitung

Eigentum verpflichtet – das gilt auch für die Besitzer eines Eigenheims. Vor dem Kauf eines Hauses lohnt es sich deshalb, die sofort fälligen Anschaffungskosten und die anstehenden Arbeiten zu ermitteln, aber auch die langfristigen Folgekosten und den Aufwand für die Instandhaltung zu bedenken. Sonst kann eine scheinbar kleine Aufgabe zu einer großen Last werden. Obwohl ein Hauskauf natürlich keine lebenslange Bindung impliziert, macht der Besitz eines Hauses nur dann Freude, wenn die damit verbundenen Verpflichtungen nicht überfordern. Besonders beim Erwerb eines Gebäudes, das wegen einer ungünstigen Lage, wegen ungewöhnlicher Besitzverhältnisse oder aus anderen Gründen schwierig wieder zu verkaufen ist, lohnt sich eine langfristige Objektplanung. Die tatsächliche Wertermittlung sollte deshalb möglichst objektiv mit Hilfe von Fachberatern aus verschiedenen Branchen geschehen, denn die zuständigen Bankberater beispielsweise sehen das Objekt mit ganz anderen Augen als Baufachleute. Ideal wären unabhängige Berater, die keine finanziellen oder praktischen Interessen am Kauf oder Umbau des Hauses haben. Selbstverständlich nehmen auch die besten Fachleute keine Entscheidungen ab, sie können aber Mängel aufdecken oder Entscheidungen erleichtern.

Gegensätzliche Beurteilungen und unterschiedliche Einschätzungen bleiben dabei nicht aus. Sie schaden aber nicht: So galt es im beschriebenen Beispiel den vorhandenen alten Dachstuhl aus Kostengründen zu erhalten. Der Architekt hielt dies mittels Verstärkungs- und kleiner Erneuerungsmaßnahmen für möglich, während der Zimmerer den alten Balken keine Chance gab. Letztendlich wurde der zum Teil marode Dachstuhl neu erstellt, während das gesunde Gebälk erhalten wurde. Anders als beim Neubau eines Hauses bleiben einem unerwünschte Überraschungen beim Umbau eines alten Gebäudes nie erspart. Sie machen oft Umplanungen oder ungewöhnliche Konstruktionen nötig. Das können beispielsweise feuchte Grundmauern sein, die sich nur durch eine Drainage trocken legen lassen oder schadhafte Bruchsteinmauern, die eine Stütze brauchen. Solche Sonderleistungen kosten zusätzlich Zeit und Geld. Beides sollte vor Beginn eines Umbaus ohnehin ausreichend zur Verfügung stehen.

Während der Sanierung blieben staubige Arbeiten nicht erspart. Eine Luke im Eternitdach machte das Ausräumen der maroden Bausubstanz möglich.

Nachdem kurz vor den Verpflichtungen, Kosten und Einschränkungen gewarnt wurde, dürfen natürlich auch die erfreulichen Seiten eines eigenen Wohnhauses nicht unerwähnt bleiben. Das Leben in einer Mietwohnung entbindet zwar von vielen Pflichten, es schränkt aber auch Freiheiten ein. So sind beispielsweise die Ruhezeiten streng reglementiert, was selbstverständlich zum Wohle aller Mitbewohner nötig ist. Dennoch bleiben Belästigungen durch laute Stereoanlagen, rauschende Feste oder Badezimmergeräusche aus der Nachbarschaft nicht aus. Selbst ist man zwangsläufig beim Hören oder Spielen von Musik, beim Feiern mit Freunden oder beim Baden genauso ein Störenfried. Auch wenn sich die gegenseitigen Störungen in Grenzen halten, können sie auf Dauer lästig sein. Hier bringt das eigene Haus erhebliche Vorteile. Die Rücksichtnahme auf Mitbewohner ist nur auf eigene Familienmitglieder beschränkt. Besonders wenn Kinder zu den Mitbewohnern zählen, erweitern sich die Lebensfreiheiten ganz wesentlich. Das Eigenheim bietet mehr Wohnraum zum Spielen, Toben, Musizieren, Basteln und dergleichen und es ermöglicht zudem den Aufenthalt im Freien, wenn ein Garten dazu gehört. Wer gerne gärtnert, hat im eigenen grünen Reich die ersehnte Fläche für seine Lieblingskulturen. Der Garten macht auch die Einrichtung von schönen und nützlichen Gestaltungselementen möglich – das kann ein Grillplatz sein, ein Teich, sowie eine Spielhütte für Kinder. Der Wert des eigenen Gartens macht sich besonders dann bemerkbar, wenn der Sinn mehr nach einer naturnahen Anlage steht und keine streng geordneten Rabatten und Rasenflächen erwünscht sind – wie sie meistens in gemieteten Anlagen vorgeschrieben werden.

Während der Abrissarbeiten zeigte sich immer mehr schadhafte Bausubstanz. So musste das älteste Gebäudeteil bis zum Boden abgetragen werden.

Die Planung

Einschätzung und Bewertung

Schon vor der Entscheidung zum Kauf eines alten Hauses können gute Berater hilfreich sein. Wer mit einem alten Haus liebäugelt, übersieht leicht Mängel, die ganz enorme Folgen nach sich ziehen können. Oft täuschen die schönen alten Baustoffe einen guten Zustand vor und zusätzlich lenkt der niedrige Preis von den tatsächlichen Entstehungskosten ab. Den getrübten Blick können unbeteiligte Freunde oder Berater wieder schärfen. Auch hier machen sich Urteile von verschiedenen Seiten bezahlt. So kann ein Baufachmann den Zustand der Bausubstanz einschätzen und vorab eine grobe Kostenrechnung erstellen. Ein Bankberater wird mit Sicherheit nur ein Darlehen vergeben, wenn er das Objekt als förderungswürdig bewertet. Nicht zuletzt ist natürlich das Urteil der künftigen Mitbewohner wichtig. Immerhin folgt dem Kauf eines alten Hauses früher oder später ein Ortswechsel, wobei der Umzug natürlich nicht für jeden erfreulich ist. Dies gilt vor allem, wenn die neue Heimat abseits vom bisherigen Lebensraum liegt. Die Freude auf das neue Domizil beziehungsweise auf das alte Haus kann also auch aus diesen Gründen getrübt werden, selbst dann, wenn das Gebäude ein guter Kauf wäre. Schon deshalb ist eine gründliche Beurteilung sehr zu empfehlen – und zwar nicht nur aus wirtschaftlichen Gründen, sondern auch aus rein persönlichen Interessen. Das alte Haus soll ja nicht nur ein neues Dach über dem Kopf geben, sondern auch einen idealen Lebensraum bieten. Wenn die Bausubstanz in Ordnung ist und die Finanzierung möglich wäre, sind immer noch viele Fragen offen. Unter anderem gilt es zu prüfen, ob die Verkehrswege günstig liegen – auch hinsichtlich der Lärmbelästigung. Weiterhin sollte man sich darüber informieren, wie die Infrastruktur des Ortes beschaffen ist (gibt es Schulen, Läden, Freizeitmöglichkeiten). Entscheidend wirkt sich schließlich auch eine angenehme Nachbarschaft auf das Wohnklima am neuen Ort aus.

Situation der Bewohner klären

Schwierig wird es, wenn das alte Haus nicht leer steht, sondern noch von Mietern oder Mitbesitzern bewohnt ist. So kann beispielsweise durch die Übergabe des Elternhauses oder durch den Kauf eines bewohnten Altbaus eine verzwickte Situation entstehen, die zwar eine Renovierung nötig macht, eine Eigennutzung aber ausschließt oder einschränkt.
Auf jeden Fall ist vor einem gründlichen Umbau eines bewohnten alten Hauses eine Umquartierung der Bewohner ratsam. Andernfalls müssen diese während der gesamten Bauzeit mit Belästigungen durch Maschinenlärm, Staub oder Handwerker rechnen – immerhin kommen Kompressoren zum Einsatz, wenn alter Putz abgehämmert werden muss. Zudem bleibt es nicht erspart, wesentliche Gebäudeteile wie Fenster, Türen oder Böden zu erneuern. Schlimmstenfalls ist auch das Dach erneuerungsbedürftig. Dann ist eine Bewohnung des Hauses ohnehin nicht mehr oder nur unter einer Regenschutzplane möglich. Die Nutzung des Hauses während der Umbauphase kann natürlich auch für die ausführenden Hausbesitzer und Bauarbeiter lästig werden und erhebliche Störungen verursachen, zumal Arbeiten nur zu bestimmten Zeiten möglich sind oder immer wieder mit Beschwerden zu rechnen ist. Wer schon einmal auf einer Baustelle gelebt hat und mit dem ständigen Schmutz und Lärm konfrontiert wurde, wird die Kosten für ein Ersatzquartier nicht scheuen. Dazu

kann einstweilen eine Mietwohnung in der näheren Umgebung dienen oder ein Nebengebäude auf der Baustelle. Notfalls wäre auch das Aufstellen eines Wohncontainers hilfreich.

Baupläne und Lageplan beschaffen

Normalerweise werden beim Kauf eines alten Hauses alle wichtigen Urkunden übergeben. Die Baupläne und der Lageplan sind auf jeden Fall nötig, da sie wichtige Informationen und Maße für die weitere Umbauplanung enthalten. Unter anderem sind die Mauerstärken, Fenster- und Türlaibungen, Zimmerflächen oder auch Strom-, Gas-, Trinkwasser und Abwasserleitungen eingetragen. Die Lage dieser und anderer Leitungen muss insbesondere dann bekannt sein, wenn im Zuge des Umbaus Erdarbeiten zu erledigen sind. Natürlich gibt ein solcher Plan schon vor dem Kauf einen Einblick auf die vorhandene Struktur des Gebäudes. Diese wird wiederum die Kaufentscheidung beeinflussen, zumal man eventuell Erschließungskosten einsparen kann. Einen aktuellen Lageplan, in dem das Grundstück, die Nachbargrundstücke und die Gebäude eingezeichnet sind, gibt es für eine geringe Gebühr beim Bauamt der Stadt oder beim Landratsamt. Wichtig sind aber auch Urkunden, die erkennen lassen, ob das Haus noch finanziell belastet ist oder ob andere Personen irgendwelche Rechte haben (zum Beispiel Wohnrecht, Wegenutzungsrecht usw.). Hier muss der Verkäufer ohnehin Auskunft geben, zumal bei der notariellen Übergabe alle Belastungen oder andere Verpflichtungen, die in Verbindung mit dem Haus stehen, offenkundig werden. Zu beachten sind auch Einschränkungen oder Verpflichtungen, die der Haus- und Grundstückskauf mit sich bringt. Gut zu wissen ist beispielsweise bei Anliegern an eine stark frequentierte Straße, ob eine Lärmschutzmauer genehmigt wird und wenn ja, wie hoch sie sein darf – oder bei einer Grundstückslage an einem öffentlichen Gewässer, ob und mit welchen Einschränkungen die Nutzung erlaubt ist. Ebenso sollte bekannt sein, ob in nächster Zeit Kosten durch den Bau einer gemeindeeigenen Anschaffung zu erwarten sind (zum Beispiel der Bau einer neuen Kläranlage). Die Informationen richten sich nach der Grundstückslage und nach den örtlichen Gegebenheiten. Auch hier sind in der Regel Auskünfte beim Bauamt hilfreich.

Grundstücksvermessung

Wenn es offensichtlich Abweichungen der bestehenden Gebäude vom Lageplan gibt, kann es sinnvoll sein, die Grenzen neu zu vermessen. Vor der Beauftragung eines Vermessungsinstituts oder der Beantragung einer Neuvermessung der Grenzen beim Vermessungsamt genügen zunächst eigene Abschätzungen und grobe Ausmessungen per Maßband. Normalerweise müssten auch Markierungen und Grenzsteine zu finden sein. Allerdings gehen solche Zeichen im Lauf der Zeit bei Erdarbeiten verloren.

Manchmal rücken Neubauten nach dem Abriss alter Nebengebäude, maroder Schuppen oder morscher Zäune etwas über die Grenze ins Nachbargrundstück. So kann es vorkommen, dass ein im Plan eingetragenes Gebäude nicht mehr existiert und stattdessen ein neuer Bau vorhanden ist, der nicht exakt an der Grundstücksgrenze steht. In solchen Fällen lohnt es sich, die Angelegenheit bereits vor dem Kauf mit den Eigentümern zu klären und eventuell die betroffenen Nachbarn zu befragen.

Möglicherweise kann durch einen Grundstückstausch an anderer Stelle ein Ersatz geschaffen werden. Auf diese Weise lässt sich der Abriss dieser neueren Gebäude umgehen. Manchmal sind die Kosten für eine Neuvermessung günstiger als nachträgliche Rechtsstreitigkeiten. Auch in diesem Sinne sollten solche Sachlagen schon rechtzeitig vor dem Kauf geklärt werden. Dabei gilt es, auch andere Gegebenheiten zu berücksichtigen. Das können beispielsweise alte Bäume sein, die in Grenznähe stehen oder alte Zäune, die zu ersetzen oder zu reparieren sind. Hier kann eventuell schon vor dem Kauf eine Vereinbarung mit den Nachbarn getroffen werden. Dadurch ist zu vermeiden, dass ein Anlieger später fordert, erhaltenswerte Bäume zu fällen, weil sie ihn stören. Vielleicht sind auch schon vorab Vereinbarungen zur Heckenpflege oder zur gemeinschaftlichen Zaunwartung machbar. Allerdings gelten mündliche Absprachen vor Gericht wenig. Ein schriftlicher Vertrag hat mehr Wert als ein Handschlag. Zur Information in Sachen Grundstücks- und Nachbarschaftsrecht gibt es im Buchhandel Fachliteratur (siehe Anhang).

Die Lage peilen

Noch vor einer Kaufabsicht lohnt es sich, mehr über das ins Auge gefasste alte Haus, aber auch über seine Umgebung zu erfahren. Der neue Wohnsitz soll schließlich keine Insel in der Fremde sein, sondern ein schöner Lebensraum in einer neuen Heimat. Es macht keine Freude, wenn sich erst nach dem Kauf herausstellt, dass Nachbarschaftsstreitigkeiten den Frieden stören oder andere Unpässlichkeiten erst im Nachhinein zu erkennen sind. Ein Blick über den Zaun kann schon erste Aufschlüsse geben. Ein Gespräch mit den Nachbarn lässt deren Einstellung erkennen. Nicht immer sind Neuansiedler willkommen, insbesondere wenn das neue Domizil in einer verschlossenen Dorfgemeinschaft liegt. Sehr informativ sind in diesem Fall Besuche in einem Wirtshaus oder Lebensmittelladen. Hier ist gelegentlich auch etwas über die Vorgeschichte des alten Hauses oder über andere wichtige Umstände herauszubekommen. So wissen beispielsweise die Nachbarn etwas über den Grundwasserstand oder über Hochwassergefahren durch angrenzende Gewässer. Beim Gespräch mit Anwohnern kommen eventuell auch Informationen über geplante Industrieobjekte oder Schnellstraßen und dergleichen zu Tage, die sonst nicht offenkundig sind. Empfehlenswerte Ansprechpartner sind weiterhin Personen des öffentlichen Lebens wie Bürgermeister, Stadträte, Lehrer oder Pfarrer, sowie die Vorstände der örtlichen Vereine – insbesondere solcher Vereine, die einen praktischen Nutzen haben. In vielen Ortschaften gibt es beispielsweise Obst- und Gartenbauvereine, die unter anderem Maschinen und Geräte an Mitglieder verleihen oder auch bei der Gartengestaltung und Pflege hilfreich sind. In den meisten Ortschaften gibt es im Zentrum oder im Gemeindehaus Informationstafeln über die Aktivitäten der ansässigen Vereine. Nützlich ist natürlich auch die regionale Tageszeitung. Selbstverständlich können Ortsbegehungen und Erkundungen der Umgebung die Kaufabsicht beeinflussen.

Zustand beurteilen, Kosten abschätzen und berechnen

Ein altes Haus besteht aus vielen Teilen, die mehr oder weniger altersbeständig sind. So nagt der Zahn der Zeit vor allem an Wänden, Dach und Fenstern, am Kamin und anderen Außenelementen. Aber auch die Innenausstattung bleibt nicht von der Abnutzung verschont. So müssen Böden und Treppen der ständigen Benutzung Stand halten, die Türen bekommen Tritte oder Schrammen ab, auch an den Innenwänden machen sich Spuren bemerkbar. Besonders deutlich zeigen sich Verschleißerscheinungen an beweglichen Teilen wie Türscharnieren, Fenstergriffen, Wasserhähnen und dergleichen. Nicht zuletzt macht der Dauerbetrieb der Heizung und der Wasserinstallation zu schaffen. Normalerweise sind solche Bauteile nach 20 bis 25 Jahren verschlissen und unbrauchbar oder sie entsprechen nicht mehr den aktuellen Standards. Natürlich richtet sich die Abnutzung und der Zustand aller Elemente auch nach den vorherigen Besitzern. Eine gute Pflege und Erneuerung verlängern die Lebenszeit eines Wohngebäudes ganz erheblich. So kann ein altes Haus bei entsprechender Instandhaltung vor dem Verfall bewahrt bleiben, indem beispielsweise die Fenster regelmäßig einen Anstrich erhalten, die Dachrinnen geräumt oder falls nötig erneuert werden, die Außenwände gelegentlich einen neuen Schutz bekommen und so weiter. Jedenfalls ist vor dem Kauf unvermeidlich eine genaue Bestandsaufnahme nötig. Sie sollte in Begleitung von Fachleuten stattfinden, die den Zustand objektiv einschätzen können und zwar ohne bei der Renovierung einen Gewinn zu erwarten. Handwerker von Fachfirmen, die durchaus gute Arbeit leisten und später auch gute Ware liefern können, sind unter Umständen nicht auf der Seite des Kunden, wenn sie einen lukrativen Auftrag wittern. Ideal wäre ein unabhängiger Architekt oder Baufachmann, der sich mit den verschiedenen Baustoffen und Einrichtungen auskennt und auch über die Preise und Kosten informiert ist. Er kann mit Rat und Tat bei der Bestandsaufnahme und bei der Auftragsverteilung an Fachfirmen zur Seite stehen. Sein Gehalt macht sich bezahlt, zumal er preisgünstige Firmen und preiswerte Materialien besorgt oder bei der Beschaffung hilft.

Finanzierung sichern

Das Geld für den Kauf und den Umbau eines alten Hauses ist meistens zu knapp. Kaum ein Kaufinteressent verfügt über einen Betrag von mehreren hunderttausend DM. Selbst wenn das alte Gebäude kostenlos von den Eltern oder anderen Eigentümern übernommen wird, kommen durch den Umbau noch enorme Kosten auf die Erben zu. Normalerweise ist neben der angesparten Summe ein Hypothekendarlehen von einer Bank oder Bausparkasse nötig. Geld ist auch von einer Versicherungsgesellschaft zu bekommen. Die Finanzierung muss auf jeden Fall gut überlegt sein und auf „sicheren Füßen" stehen. Immerhin dreht es sich um Langzeitverträge, die nicht so einfach zu kündigen sind. So stecken die Banken beispielsweise für eine vorzeitige Rückzahlung eines Kredits in der Regel eine „Vorfälligkeitsentschädigung" ein. Auch für ein schon bereitgestelltes, aber etwa wegen Bauverzögerungen noch nicht abgenommenes Darlehen nehmen die Banken Zinsen. Die „Bereitstellungszinsen" können erhebliche Kosten verursachen, wenn sich während des Umbaus unerwartete Schwierigkeiten bemerkbar machen. Vor dem Abschluss eines Kreditvertrages sind auf jeden Fall die Konditionen gründlich zu prüfen. Auch dabei kann ein unabhängiger Finanzierungsberater wertvolle Dienste leisten. Es gibt auch Bücher, Broschüren, Fachzeitschriften und CD-Roms zum Thema. Vor allem zahlen sich Vergleiche verschiedener Banken aus. Bei einem Zins-Unterschied

von beispielsweise 1 % kommt im Lauf der Jahre eine stattliche Summe zusammen. Die Verträge gelten in der Regel fünf oder zehn Jahre. Ein Kredit von 100 000 DM kostet bei einem Zinssatz von 6 % im Jahr 6000 DM. Bei einem Zinssatz von 7 % kostet der selbe Kredit schon 1000 DM mehr. Der Unterschied entspricht bei einer Laufzeit von zehn Jahren dann 10 000 DM.
Zu beachten ist auch die Art des Zinses. Oft geben die Bankleute nicht sofort die tatsächlichen Zinskosten bekannt, sondern schönen die Summe aus Gründen der Werbung. So entspricht der so genannte Nominalzins nicht den echten Kosten, die dann pro Monat zu zahlen sind. Es lohnt sich also stets, nach dem effektiven Jahreszins zu fragen. Damit sind dann Vergleiche bei verschiedenen Geldinstituten möglich, die mittlerweile auch per Internet durchführbar sind. Zumindest lassen sich auf diesem Weg die aktuellen Zinsen oder Konditionen verschiedener Anbieter abrufen. Nicht zu vergessen ist neben der monatlichen Zinsbelastung auch die Tilgung des Darlehens. Immerhin soll der Kredit ja im Lauf der Jahre abbezahlt und das Gebäude schuldenfrei werden. Normalerweise richtet sich der Kredit nach dem Wert des Hauses, in der Regel vergeben die Banken oder Finanzierungsunternehmen einen Kredit von 60 % des Gebäudewertes. Bei einem Schätzwert von beispielsweise 300 000 DM ist also maximal ein Kredit von 180 000 DM zu bekommen. Als Sicherheit nimmt die finanzierende Bank dann das Gebäude als Pfand. Dazu wird eine Grundschuld in das Grundbuch eingetragen. Hierfür ist wiederum ein Notar nötig, der diese Dienstleistung natürlich nicht kostenlos erledigt. Beim Kauf eines alten Hauses dürfen solche Nebenkosten nicht unbeachtet bleiben. Durch den Kreditabschluss, den Abschluss eines Bausparvertrages, der notariellen Übergabe und dergleichen kommt eine stolze Summe zusammen. Dabei greift auch Vater Staat in die Baukasse, die Grunderwerbssteuer von 3,5 % darf nicht vergessen werden. Bei einem Kaufpreis von beispielsweise 300 000 DM nimmt sich das Finanzamt mehr als 10 000 DM aus der Kasse! Diese nicht unerheblichen Nebenkosten, die sich so zusammenläppern, können zu unerwarteten Belastungen des Baukontos führen. Sie sollten also gründlich aufgelistet und berücksichtigt werden. Ein gewissenhafter Baufinanzierungsberater wird Sie darauf hinweisen und exakt über die zu erwartenden Nebenkosten aufklären.
Auch wenn die Kosten und Nebenkosten durchaus abschreckend wirken können, ist doch nicht zu vergessen, dass sie zur Finanzierung eines eigenen Hauses dienen. Wenn der Zahlungsplan stimmt, verringert sich die Belastung mit den Jahren. Dies ist der entscheidende Vorteil im Vergleich zu einem Mietobjekt. Normalerweise steigen die Mieten im Lauf der Jahre. Hinzu kommt, dass auch nach Jahren der Mietzahlungen keinerlei Anspruch auf das Eigentum des Wohnobjekts besteht, der Besitzer kann dem Mieter jederzeit kündigen. Im Gegensatz dazu erwerben Hauskäufer ihre Immobilie mit den Jahren und sind nur der Bank verpflichtet. Gleichzeitig steigt der Wert des Gebäudes durch den Umbau und andere Leistungen am Objekt (zum Beispiel Gartengestaltung, statistische Wertsteigerung von Wohnhäusern usw.). Falls ein Notverkauf tatsächlich fällig würde, ließen sich mit großer Sicherheit zumindest die Unkosten und Kredite abdecken.

Zeitplan erstellen

Wer beim Umbau seines alten Hauses nicht unter Druck steht, kann viel Geld sparen und optimale

Gestaltungslösungen austüfteln. Wenn aber Eile geboten ist – etwa weil sich der Umzug aus einer Mietwohnung nicht verzögern lässt oder weil der Winter vor der Tür steht –, bleibt kaum Zeit für Kostenvoranschläge von verschiedenen Fachfirmen, zur Auswahl günstiger Sonderangebote oder zum Überlegen ausgefeilter Baudetails. Dann erfordert der bevorstehende Umzug oder der erste Frost schnelle Lösungen, die einen raschen Bauabschluss ermöglichen. Besser ist es natürlich, wenn genügend Zeit für einen gemächlichen Ausbau zur Verfügung steht. Dann lassen sich schwierige Situationen – etwa durch Gebäudeschäden, ungewöhnliche Konstruktionen oder Auflagen vom Amt für Denkmalschutz – gründlicher abwägen. In jedem Fall sind überstürzte Aktionen zu vermeiden. Sie ziehen fast immer Folgeschäden oder nötige Nacharbeiten mit sich. Es ist selbstverständlich, dass gewisse Arbeiten am Bau einfach ihre Zeit brauchen. So muss beispielsweise der Innenputz richtig austrocknen, damit es später keine Probleme mit Fäulnis und Schimmelbildung gibt. Genauso brauchen die beauftragten Fachfirmen ihre Zeit zur Anfertigung der Bauelemente. Das gilt für Türen, Fenster und andere Schreinerarbeiten, für die Vorfertigung der Dachstuhlbalken, für die Berechnung und Zusammenstellung der Heizungselemente und dergleichen. Die Fachfirmen sind ständig auf mehreren Baustellen beschäftigt und alle Auftraggeber wollen schnelle Leistungen sehen. So lohnt es sich auch im eigenen Interesse, einen Zeitplan zu erstellen. Das muss kein streng durchorganisierter Arbeitskalender sein. Normalerweise genügt eine grobe Aufstellung der anstehenden Bauabschnitte, wobei natürlich der Jahresrhythmus zu berücksichtigen ist. Dacharbeiten lassen sich kaum oder nur in Ausnahmefällen im Winter erledigen. Ebensowenig werden Fenster und Außentüren in der kalten Jahreszeit eingebaut, sie sollten also schon im Herbst sitzen. Dasselbe gilt auch für die Heizung, sie muss natürlich vor dem Winter funktionieren. Wenn solche grundlegenden Arbeiten erledigt sind, lassen sich Innenausbauten wieder nach und nach bewerkstelligen. Hier sei erwähnt, dass wohl nichts schädlicher ist als die Erwartung von raschen, problemlosen Bauabläufen. Enttäuschungen bleiben bei dieser Einstellung nicht aus – außerdem sind drängelnde Hausherren oder Hausherrinnen den Arbeitern lästig. Sie schaden sich aber auch selbst, zumal sie sich einen unnötigen Stress aufladen. Besonders bei Eigenleistungen, etwa der Erstellung von Innenwänden aus Leichtbauplatten, bei Malerarbeiten oder Deckenausbauten mit Brettern oder Paneelen sollte man sich nicht übernehmen. Solche Arbeiten gehen oft nicht so leicht von der Hand, wie es die Fachzeitschriften oder Werbeprospekte darstellen. Der Spruch „Hinterher ist man meistens klüger" gilt auch beim Hausbauen.

Wer noch keine Übung mit solchen Arbeiten hat, sollte ohnehin nur kleine Schritte wagen, denn das Ausmessen, der Zuschnitt, das Befestigen und andere Aufgaben bergen eine Reihe von Fehlerquellen. Ganz leicht sind die Bretter für die Decke zu kurz abgeschnitten oder die Unterlaghölzer für einen Bohlenboden falsch montiert – ein altes Haus kann eine Herausforderung für Heimwerker werden. Die kleinen persönlichen Erfolge durch eine gut gelungene Bretterdecke, eine funktionierende Waschtischbatterie oder eine selbst gezogene Trennwand aus Ziegeln muntern zu weiteren Arbeiten auf. Die Eigenleistung kann nicht zuletzt auch ganz wesentlich Geld sparen helfen. Immerhin berechnen die Fachfirmen mehr als 50 DM pro Stunde für einen Handwerker. Wer zwei linke Hände hat oder keinen Spaß an solchen Arbeiten findet, sollte dennoch besser die Finger von den Aus-

und Umbauarbeiten lassen oder zunächst mit kleinen Aufgaben beginnen. Die Mithilfe als Handlanger bei Maurerarbeiten – etwa als Mischer an der Mörtelmaschine oder als Beschaffer der Bauelemente ist stets erwünscht.

Möglichkeiten zur Mithilfe abschätzen

Wer fachfremd und unerfahren ist, wird sich kaum auf einer Baustelle mit Tätigkeiten abmühen, die ihm nicht liegen oder schwierig zu bewältigen sind. So werden wohl die Maurerarbeiten, der Fensterbau oder die Estricharbeiten besser von Fachfirmen oder Facharbeitern übernommen, die dafür autorisiert sind. Spezielle Einrichtungen wie die Elektroinstallation oder der Heizungsbau müssen ohnehin von ausgebildeten Meistern durchgeführt oder abgenommen werden, die später auch für die Wartung zuständig sind. Sie haften für eventuelle Mängel und stehen für Schäden gerade. Dennoch gibt es beim Umbau eines alten Hauses auch für ungeübte Eigentümer mit Tatendrang genug zu tun. Das kann schon vor dem Umbau mit der Anfertigung von Skizzen, Plänen und Kostenaufstellungen beginnen, dann während der Bauphase mit der Organisation von Baustoffen und Konstruktionselementen andauern, beim Innenausbau und der Einrichtung weitergehen und schließlich bei der Gestaltung der Gartenanlage enden. Wirtschaftlicher als jede Handarbeit ist aber das Management der Baustelle. Kostenvergleiche bei Baustoffen, das Einholen von Kostenvoranschlägen, die Beschaffung von Restbeständen, die Besorgung von günstigen Baumaschinen oder die Anwerbung von freiwilligen Helfern lohnt sich auf jeden Fall und kann die Gesamtkosten ganz gewaltig verringern.

Helfer organisieren

Alleine ist der Umbau eines alten Hauses kaum oder nur sehr langsam zu bewältigen. Wer keine Dauerbaustelle haben möchte, kommt kaum ohne Hilfe aus. Das gilt für alle Teilbereiche am Haus und im Garten. Freiwillige Helfer sind unter anderem schon beim Ausschachten der maroden Bausubstanz erwünscht, dann beim Aufarbeiten, Sortieren und Lagern brauchbarer Bauteile, beim Abholen, Herrichten und Verteilen neuer Baustoffe, ebenso beim Verarbeiten der Steine, Bohlen, Paneele bis hin zum Gestalten der Außenanlagen. Tatkräftige Mitbewohner haben dabei schon die Gelegenheit, Einfluss auf die Baustoffe und die Art der Anordnung zu nehmen – insofern Abweichungen von bestehenden Plänen und Vorgaben möglich sind. Insbesondere ist Eigeninitiative in den eigenen Räumen erwünscht. So dürfen beispielsweise Kinder im Idealfall die Gestaltung ihrer Räume mitbestimmen und beim Ausbau helfen. Natürlich bleibt das Mitspracherecht auch Mitbewohnern oder Miteigentümern nicht verwehrt, die nicht mithelfen können. Anders als in Mietobjekten sind im eigenen Haus sehr viele Gestaltungswünsche und Ausbaumöglichkeiten zu verwirklichen. Dieses Privileg sollte auch beim Umbau eines alten Hauses so gut wie möglich genutzt werden. Mit Sicherheit beteiligen sich die Mitbewohner auch an den Baukosten in ihren eigenen Räumen, falls dies nicht schon bei der Baufinanzierung grundsätzlich geregelt wurde. Finanzkräftige Mitbewohner dürfen sich selbstverständlich gerne stärker an den Kosten beteiligen, besonders, wenn sie nicht aktiv am Umbau teilnehmen. Die Sponsoren sollten aber keinen Druck auf die Bauentwicklung ausüben.

Vorbereitungen für den Erwerb und Umbau

Vorhaben	**Beteiligte**
Sichtung, Einschätzung, Bewertung	Eigentümer, Baufachleute
Besitzverhältnisse klären	Eigentümer
Pläne beschaffen (incl. Lageplan)	Eigentümer, Bauamt
Kaufkosten/Umbaukosten abschätzen	Bankberater
Finanzierung sichern	Bankberater
Notarielle Übergabe	Eigentümer, Notar
Vorläufige Umbauplanung, Skizzen	Architekt
Gebäude sichern	Baufachmann
Grundstücksvermessung (falls es Abweichungen gibt oder wenn Grenzsteine fehlen)	Vermessungsamt
Genaue Entwürfe und Planung	Architekt
Bauantrag einreichen (evtl. vorläufige Bauvoranfrage)	Bauamt
Baubesichtigung mit Baufirmen	verschiedene Firmen (Zimmerer, Schreiner, Heizungsbauer, Elektriker, Maurer etc.) bei Anwesenheit des Architekten
Baustoffkataloge, Bücher etc. besorgen, Baustoffberatung	Baustoffauswahl im Fachhandel unter Mitwirkung des Architekten
Kostenvoranschläge einholen	Baufirmen
Bauablauf planen	Absprache mit den ausführenden Firmen

Vorbereitungen zum Umbauen

Arbeit	**Zeitplan/Dauer**
Abriss und Beseitigung von maroden Elementen	1 Woche vor Baubeginn, danach immer wieder einige Tage während der Umbauphase
Abfall und Bauschutt entsorgen (mit Hilfe eines Containerdienstes)	In mehreren Etappen
Lagerplatz schaffen vor Baubeginn	
Baubude errichten (oder Lagerraum herrichten)	4 Wochen
Brauchbare Elemente (Dachbalken, Ziegelsteine etc.) sichern bzw. lagern	ca. 1 Woche
Pflanzen sichern	für Umpflanzung brauchbarer Sträucher und Stauden 1 Tag
Versorgungsleitungen erschließen (Gas- und Wasseranschluss von Firmen)	ca. 1 Woche, Kanalanschluss: 1 Woche

Umbau

Aufgabe	**Vorbereitung/Ausführung**
Tragende Wände mauern, Durchbrüche schaffen, alte Wände ausbessern, neue Kamine aufbauen	4 Wochen
Decke setzen	Herrichten, Einschalen: 2 Tage Betonieren: 1 Tag
Dach erneuern	Dachstuhl bestellen und herrichten: 8 Wochen Aufbauen: 3 Tage
	Verschalung mit Brettern und Dachpappe, sowie Lattung: ca. 1 Woche
	Dach decken mit Hilfe von Kran: 2 Tage
	Spenglerarbeiten: 1 Woche
Fenster und Türen einbauen	Bestellen, Anfertigen: 8 Wochen Einbauen: 1 Tag
Dämmung	Innendämmung unter Dach: 1 Woche Außendämmung: (1 Giebelseite), 1 Woche Nebengebäude: (mit Holzschalung), 2 Wochen
Zwischenwände mauern	Erdgeschoss: 2 Wochen Dachgeschoss: 2 Wochen
Treppe einbauen	Einschalen: 1 Woche, Betonieren: 1 Tag, Marmorbelag bestellen und herrichten: 14 Tage, Einbau: 3 Tage
Heizung und sanitäre Anlagen einrichten	14 Tage
Elektrische Leitungen einrichten	14 Tage
Böden einbauen	Unterbau vorbereiten, betonieren: 1 Woche Estrich legen: insgesamt ca. 3 Tage Parkett legen: 14 Tage
Innenputz	2 Wochen
Trockenausbau	2 Wochen
Türen setzen	Türen bestellen und anfertigen: 4 Wochen Einbau: 1 Tag
Bäder einrichten	1 Woche
Fliesen legen	1 Woche
Wände streichen	1 Woche
Außenputz	1 Woche
Einrichtung	14 Tage (ja nach Ausstattung)
Wintergartenanbau	2 Wochen
Außenanlagen	Pflastern, Mauer bauen, Zisterne bauen
	Teich anlegen etc.: 6 Wochen

Die Arbeiten und Zeitabläufe unterscheiden sich selbstverständlich je nach Objekt, Zustand, Ausstattung und Vergabe an Baufirmen. Eigenleistung in diesem Beispiel: insbesondere Mithilfe bei Abriss, Entsorgung und Vorbereitungen (Drainage, Betonieren, Fundamente schaffen etc.), sowie Beschaffung von Baustoffen während der Bauphase. Weiterhin Handlangerarbeiten (Mörtel mischen, Material herrichten etc.) und Mitarbeit während der gesamten Bauphase.

Kostenvoranschlag

Kostengruppe D und E
1. Dach
Bestehendes Dach ist undicht, nicht gedämmt, Dachstuhl mit Schädlingsbefall

o Zimmererarbeiten	ca. 15.000,-
o Dämmung und Schalung	ca. 10.000,-
o Dacheindeckung (Ziegel)	ca. 6.000,-
	ca. 31.000,-

Kostengruppe E, A, C
2. Mauerwerksarbeiten
Kleine Umbaumaßnahmen, wie Türdurchbrüche, Abbrucharbeiten, sowie Ausbesserungen an Wänden und Decken

o Mauerwerks-, Putzarbeiten	ca. 15.000,-
o Abbrucharbeiten	ca. 5.000,-
o Neue Decke über Flur im EG	ca. 5.000,-
	ca. 25.000.-

Kostengruppe D, E
3. Böden
Die bestehenden Böden sind nicht gedämmt, teilweise verrottet wegen mangelhafter Konstruktion

o Böden renovieren bzw. erneuern, neuer Aufbau, Einbau, Estrich, Bodenbeläge etc.

psch. 13.000,-

Kostengruppe D, C
4. Fenster
Die bestehenden Fenster sind undicht, Beschläge beschädigt, entsprechen nicht mehr dem Stand der Technik; geplant sind neue Fenster mit Isolierverglasung
o Schreinerarbeiten

Fenster (14 Stck.)	ca. 7.000,-
Fenstertüren (5 Stck.)	ca. 5.000,-
Haustüren (2 Stck.)	ca. 4.000,-
	ca. 16.000,-

Kostengruppe A, B
5. Treppe
Zur Abtrennung der 2. Wohnung ist die Verlegung der Treppe notwendig; die bestehende Treppe erfüllt außerdem die Sicherheitsanforderungen nicht
o Treppe mit allen erforderlichen Arbeiten

ca. 10.000 .-

Kostengruppe C
6. Innentüren
o Innentüren (10 Stck.) a 500,-

ca. 5.000,-

Kostengruppe D
7. Holzschalung und Dämmung
Das Mauerwerk des ehemaligen Ladenanbaus (jetzt gewerbliche Arbeitsräume) erfüllt nicht die Anforderungen hinsichtlich der Wärmeschutzverordnung; geplant ist eine Dämmung und Verschalung des Mauerwerks

o Holzschalung, Konstruktion, Dämmung

psch. 6.000,-

Kostengruppe C
8. Dachrinnen, Fallrohre, Fensterbleche, etc.
o Spenglerarbeiten

psch. 3.000,-

Kostengruppe D
9. Heizung
o neue Gasheizung, Radiatoren, Installation

psch. 25.000,-

Kostengruppe B, C
10. Sanitär
o Anschaffung

psch. 8.000,-

Kostengruppe B, C
11. Sanitär
o Installation

psch. 10.000,-

Kostengruppe A, C
12 Elektro

psch. 6.000,-

Kostengruppe D
13. Kamin
Sanierung (Rücksprache mit dem Kaminkehrer-Meister)

vorläufig	psch. 2.000,-
vorläufige Gesamtkosten	160.000,-

Noch nicht erfasst sind Kosten für den Randanschluss des Gebäudes, sowie Außenanlagen (z.B. Lärmschutzmauer)

Tatsächliche Umbaukosten (gerundet)

Kostengruppe D und E

1. Dach (ohne Dämmung)	
o Zimmererarbeiten	18.000,-
o Dachdeckerarbeiten	13.000,-
o Spenglerarbeiten in Titanzink	7.000,-
	38.000,-

Kostengruppe E,A,C

2. Mauerwerksarbeiten	
o Bauarbeiten in Auftrag	45.000,-
Abrissarbeiten, Durchbrüche, Zumauern	
Vorbereitungen, Deckenbau etc.	
o Baustoffe von Baumärkten	35.000,-
(sowie Sand und Kies)	
o Baustoffe und Arbeiten von Baufirma	50.000,-
	130.000,-

Kostengruppe D, E

3. Böden	
o Betonböden mit Unterbau, Estrich	20.000,-
Trockenestrich, Parkett, Fliesen etc.	

Kostengruppe D, C

4. Fenster, Türen	
o Schreinerarbeiten	15.000,-
(Fenster, Fenstertüren,	
Außentür, Innentüren)	

Kostengruppe A, B

5. Treppe	
o Betontreppe mit Marmorbelag	5.000,-

Kostengruppe C

6. Innentüren (bei Posten Fenster, Türen)

Kostengruppe D

7. Holzschalung und Dämmung	
o Außendämmung mit Holzschalung	5.000,-
Innendämmung unter Dach	

Kostengruppe C

8. Dachrinnen, Fallrohre
(bei Dach)

Kostengruppe B, C, D

9. Heizung und Sanitär	
o Gasheizung, Wasserinstallation etc.	40.000,-

Kostengruppe B, C

10. Sanitär (bei Heizung)

Kostengruppe A, C

12. Elektro	15.000,-

Kostengruppe D

13. Kamin
bei Mauerwerksarbeiten

weitere Kosten

Wintergarten	10.000,-
Notar (2 x)	2.000,-
Planung, Umplanung, Genehmigung	5.000,-
Nebengebäude (Holzschuppen)	3.000,-
Gartenmauer	2.000,-
Pflasterbau	5.000,-
Gasanschluss	2.000,-
Wasserversorgung	200,-
Kanalanschluss (mit Grubenleerung)	3.000,-
Bauschuttentsorgung, Sperrmüllabfuhr	3.000,-
Gartengestaltung (Teich, Erdkeller etc.)	10.000,-
	43.200,-

Gesamtkosten	**313.200,-**

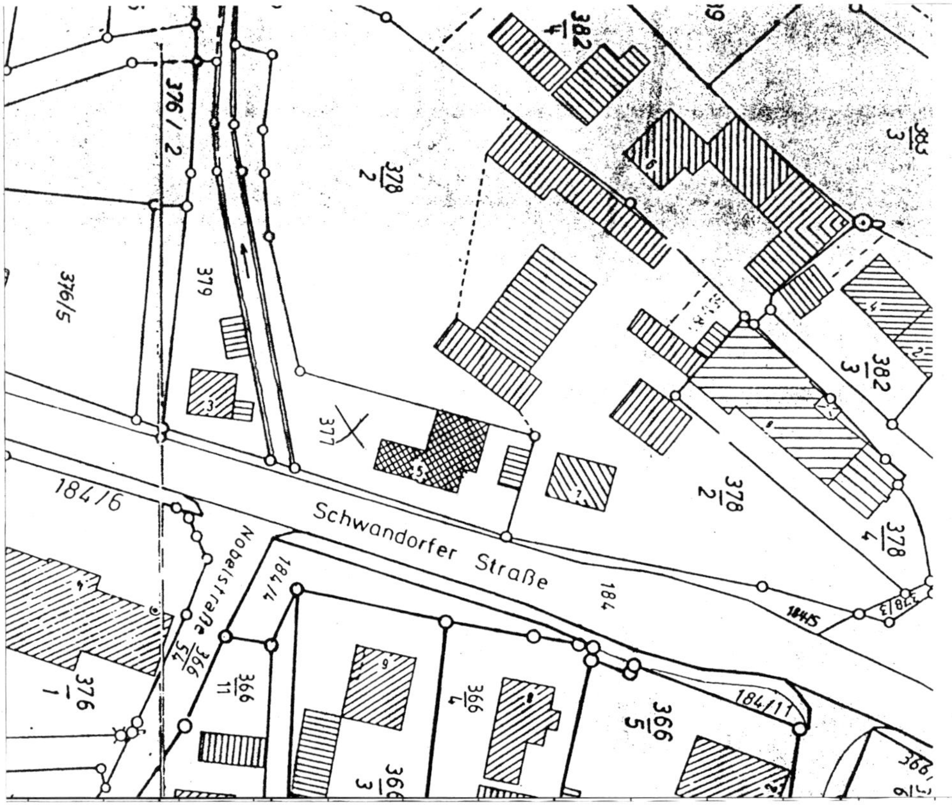

Das verhältnismäßig kleine Grundstück und die ungünstige Lage an einer Bundesstraße machten eine umsichtige Haus- und Gartenplanung nötig. Bessere Lagen lassen mehr Spielraum zu.

Es lohnt sich vor jeder Umbau-Absicht einen Architekt, zunächst mit einem kostengünstigen Vorentwurf zu beauftragen. Dabei kommen – wie im Buchbeispiel – überraschend gute Lösungen zustande. So wurde – wie hier an der Straßenseite – die Holzverkleidung bereits in den Plan eingezeichnet.

Die Gartenseite zeigt im Vorentwurf noch keinen Wintergarten. Hier war ursprünglich nur ein Balkon vorgesehen. Ebenso fiel die Entscheidung für Fenstertüren im Nebengebäude erst später.

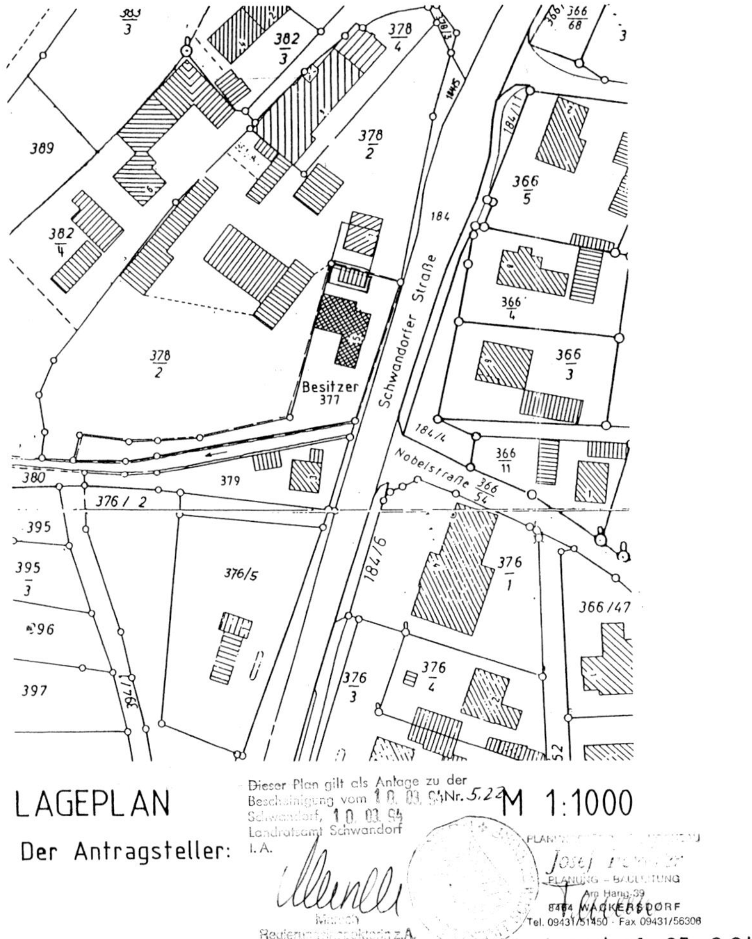

Bis der Plan vom Bauamt genehmigt wird, können mehrere Woche vergehen. Es lohnt sich also, rechtzeitig mit der Planung zu beginnen und die vollständigen Papiere zügig einzureichen.

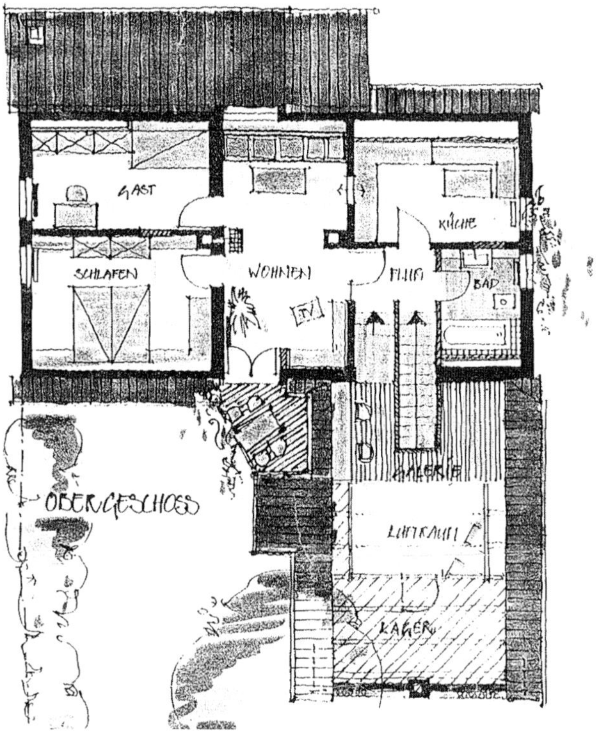

Hier ist der Grundriss des Obergeschosses zu sehen. Ursprünglich sollte die obere Wohnung zum Büro im Nebengebäude gehören.

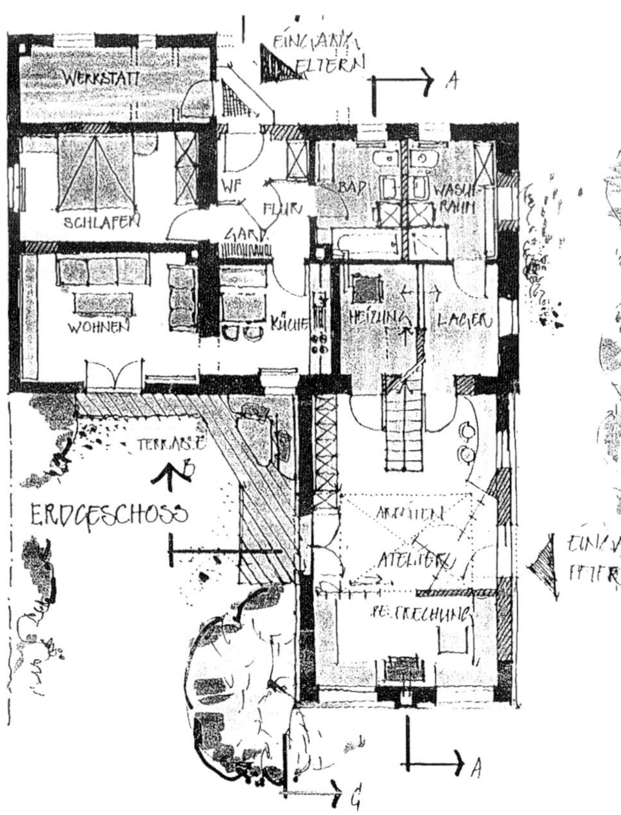

Die zweite Wohnung war im Erdgeschoss eingeplant. Während des Umbaus ergaben sich allerdings neue Perspektiven. Deshalb wurde dieser sehr durchdachte und optimale Vorentwurf nicht verwirklicht.

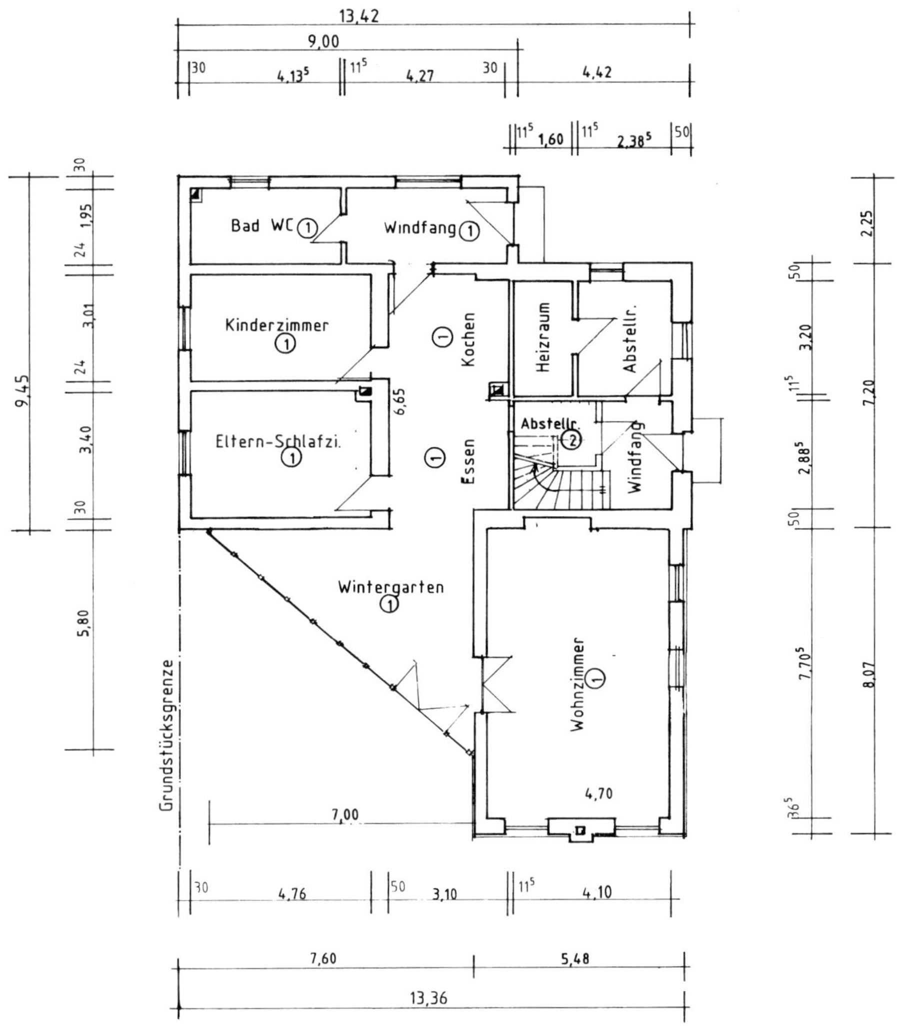

Erdgeschoss

Die neue und schließlich gültige Planung kam erst zustande, nachdem der Bau eines Wintergartens als Raumerweiterung möglich erschien. Dieser Anbau konnte sozusagen

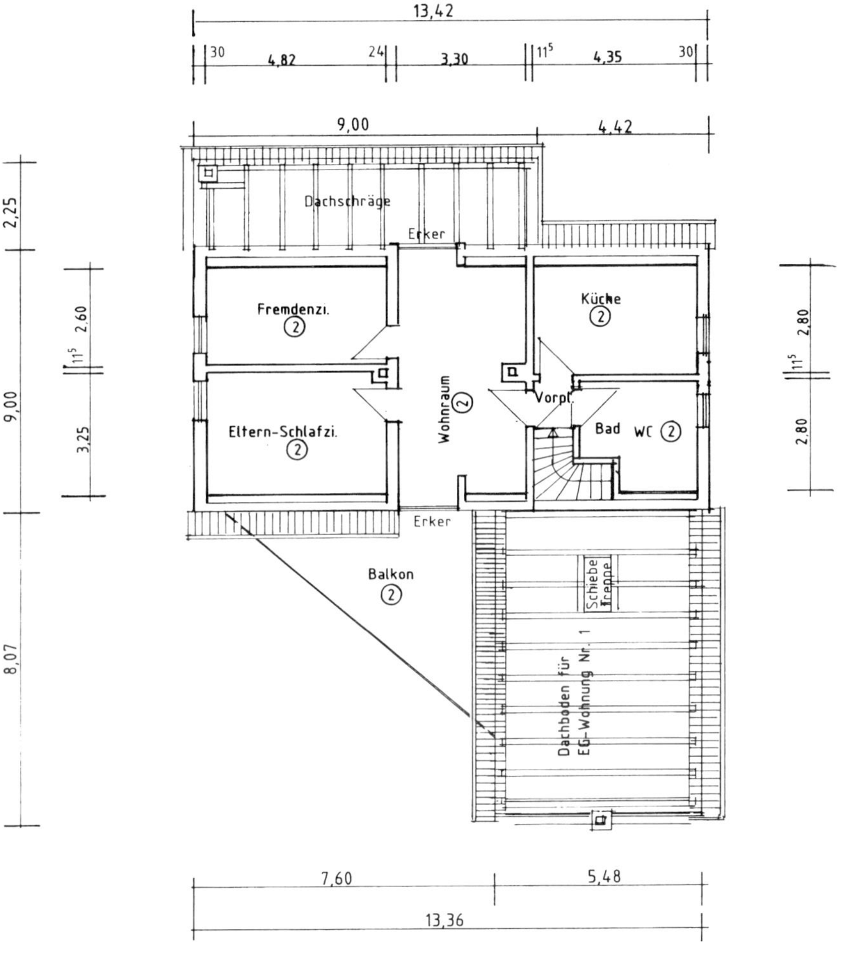

Dachgeschoss

als Brücke zwischen dem Büro (im Plan „Wohnzimmer") und der Wohnung dienen. Im Obergeschoss entstand eine abgeschlossene Wohnung mit großzügiger Dachterrasse.

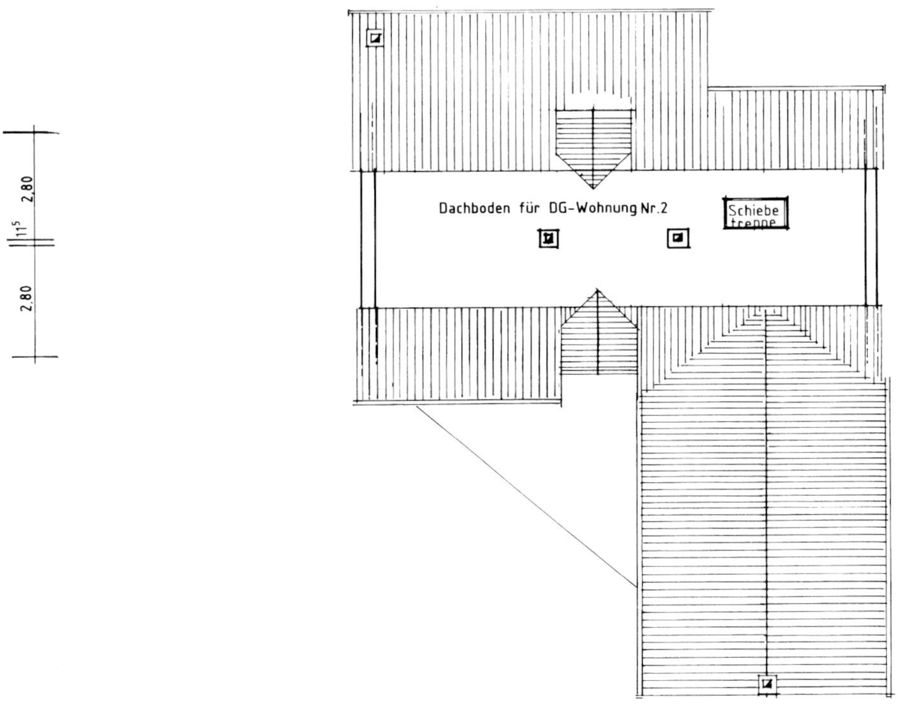

Dachboden

Der Dachboden hat keinen Wohnwert – ebenso wenig wie der Spitzboden über dem großen Büroraum. Er kann aber als Stauraum dienen.

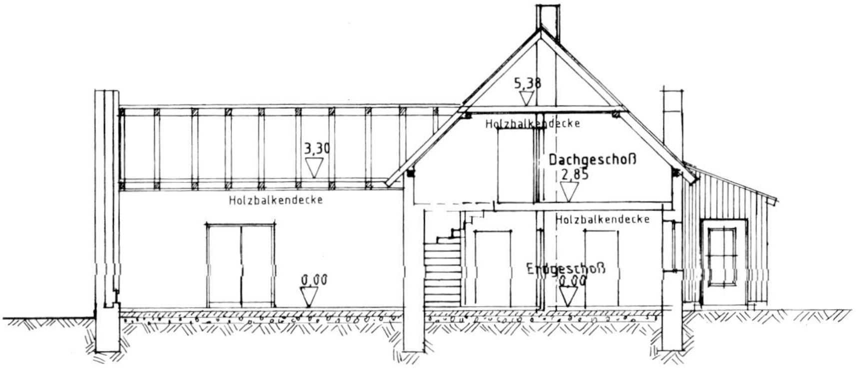

Querschnitt

Im Querschnitt – hier von der Straßenseite aus gesehen – ist die neue Raumaufteilung zu erkennen. Die Treppe wurde vom Büro ins Erdgeschoss verlagert.

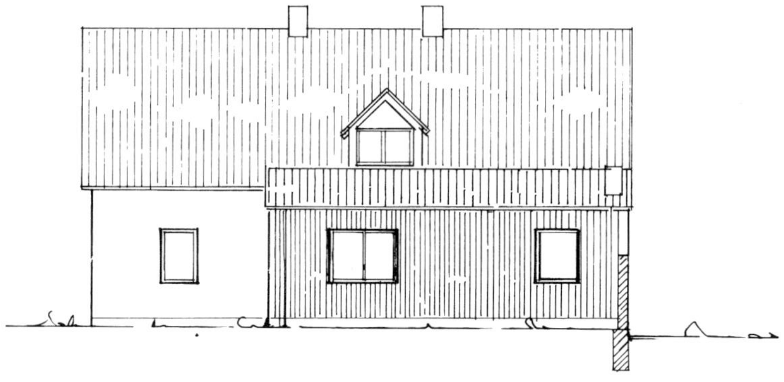

Ansicht von Norden

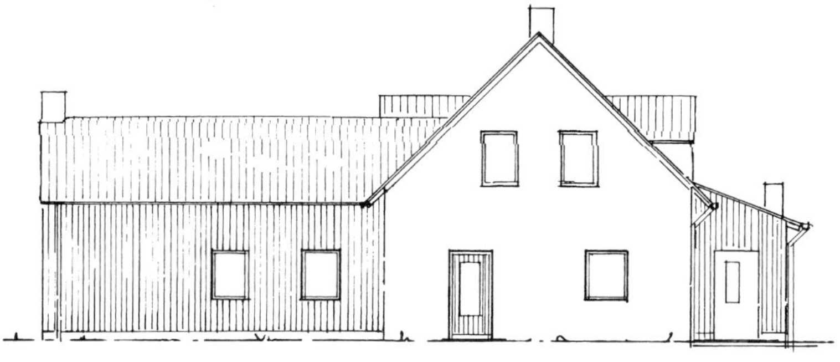

Ansicht von Osten

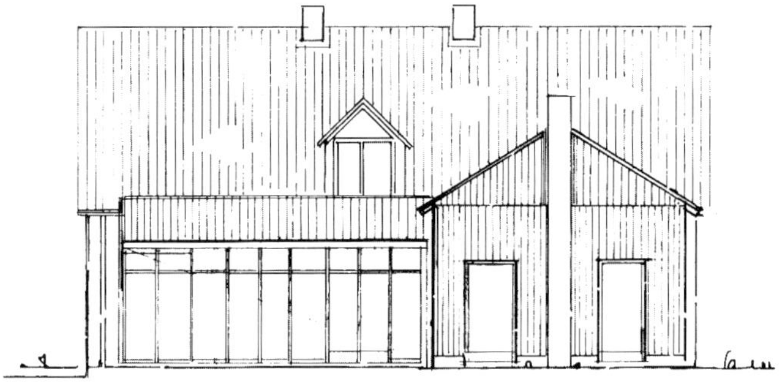

Ansicht von Süden

Ansicht von Westen

Vorbereitungen

Abriss und Beseitigung von maroden Elementen

Ganz wesentlich halten die Abriss- und Entsorgungsarbeiten auf. Bis es soweit ist, dass wieder aufgebaut werden kann, sind in den meisten Fällen viele Kubikmeter alter Putz, Bauschutt, Dachziegel und dergleichen zu beseitigen. Diese sehr staubigen Arbeiten bleiben normalerweise den Eigentümern nicht erspart, zumal die Vergabe an eine Baufirma zusätzliche Kosten verursacht. Der Abriss bis auf die „gesunde" Bausubstanz gestaltet sich oft auch schwierig, weil die alten Baustoffe sperrig und schwer zu entfernen sind. Hinzu kommt, dass im Lauf der Zeit auch gefährliche oder nicht unbedenkliche Baumaterialien verwendet wurden, die es nun zu entsorgen gibt. Das können unter anderem asbesthaltige Welleternitplatten sein oder schadstoffhaltige Spanplatten. Schwierig ist oft auch die Entscheidung für den Erhalt oder die Beseitigung von Bauelementen. So können beispielsweise noch gut erhaltene Zwischendecken aus Holz bestehen bleiben, wenn sie nach gründlicher Untersuchung keine morschen Stellen oder Holzschädlinge aufweisen. Natürlich müssen sie auch der Belastung noch standhalten. Dagegen sind vielleicht gesunde Dachbalken für den Wiederaufbau zu schwach. Sie brauchen eventuell eine Verstärkung, wenn sie erhalten bleiben sollen. Dabei ist zu beachten, welche Dacheindeckung gewünscht wird. So bedürfen Dachziegel einer steileren Dachneigung als etwa Blech- oder Schindelbeläge. Die Beurteilung und Auswertung ist kaum ohne Fachleute aus verschiedenen Berufsbranchen möglich. Sie können auch die Kosteneinsparung abschätzen, die durch den Erhalt und die Einbeziehung der noch verwertbaren Bauelemente möglich ist oder aber die zusätzlichen Kosten berechnen, die dadurch entstehen. Meistens ist der Erhalt alter Bauteile und Baustoffe sogar mit Mehrkosten verbunden, zumal sie erst freigelegt und entsprechend zugerichtet werden müssen.

Wiederverwertung von brauchbaren Baustoffen und Elementen

So schön alte Baustoffe auch sind, weil sie von Hand gemacht wurden oder schon eine Patina angenommen haben, so aufwändig ist oft ihre Nutzung. Keinesfalls sollten alte Baustoffe wieder verwertet werden, nur weil sie alt sind. So müssen beispielsweise alte Ziegelsteine mit viel Zeit und Mühe vom anhaftenden Putz befreit werden. Dennoch haben diese Ziegel meistens nicht die Qualität von neuen Ziegeln, die aus hochwertigen Tonmischungen in effizienten Öfen gebrannt wurden. Nach dem Verbauen und Verputzen verschwinden die Ziegel ohnehin wieder unsichtbar im Mauerwerk.

Das heißt natürlich nicht, dass alte Baustoffe weniger wertvoll sind als neue. Es kommt aber immer auf die verschiedenen Materialien und auf ihren Zustand an. Wer beispielsweise abgenutzte Granitpflastersteine bekommen kann oder sie sogar selbst in den vorhandenen Pflasterflächen vorfindet, sollte diese glatt geschliffenen Schmuckstücke auf jeden Fall bewahren oder wieder verwerten. Vergleichbare neue Ganitsteine oder auch andere Natursteine, die erst aus dem Berg gesprengt wurden, haben raue Oberflächen. Sie werden wohl nie so richtig abgeschliffen wie alte Kopfsteine, die mit eisenbeschlagenen Holzwagenrädern in Berührung kamen. Viele Baustoffe, die zwangsläufig beim Umbau eines alten Hauses anfallen, lassen sich aber anderweitig nutzen oder zweckentfremden, wenn sie nicht mehr zum Einbau taugen. So können zum Beispiel alte Wintergartenfenster zur Erstellung eines Gewächshauses oder als Frühbeetfenster dienen. Bruchsteine, die bei Fenstereinbauten oder bei Mauerdurchbrüchen aus den Wänden gebrochen werden, eignen sich vorzüglich zum Bau von Trockenmauern im Garten. Alte Balken von einer Holzzwischendecke oder von einem alten Dachstuhl sind oft noch gut genug für den Bau eines Holzschuppens oder eines Gerätehäuschens. Die Auswahl und die Verwertungsmöglichkeiten richten sich im Wesentlichen nach der Art und dem Bauzustand des alten Hauses und nach dem Bedarf an solchen Bauten. Es lohnt sich jedenfalls, gute Steine, alte Balken, noch stabile Bretter und andere brauchbare Baustoffe einstweilen zwischenzulagern.

Nach dem Abriss und Aufbau des Dachgeschosses kam das hintere Gebäudeteil an die Reihe. Ein Bauschuttcontainer leistet beim Ausräumen der alten Bausubstanz gute Dienste.

Bauschutt entsorgen

Vor noch nicht langer Zeit war es üblich, die Abfälle einfach in ausgebaggerte Kiesgruben, in Wälder oder andere am Ortsrand gelegene Plätze zu kippen. Diese Art der Entsorgung wirft heute noch erhebliche Probleme auf, etwa wenn beim Auskoffern von Baugruben solche unterirdischen Mülldeponien aufgedeckt werden oder wenn durch sie schädliche Flüssigkeiten ins Grundwasser sickern. Mittlerweile ist die Abfallbeseitigung streng geregelt. Obwohl die Müllabfuhr und Beseitigung zusätzliche Kosten verursachen, kommen sie doch allen Bürgern zugute. So sollten auch Abfälle, die beim Hausumbau reichlich zusammen kommen, ordnungsgemäß entsorgt werden. Wer keinen Platz zum Lagern von noch gut erhaltenen Bauteilen hat oder solche Materialien mit Sicherheit nicht mehr verwenden möchte, findet eventuell Abnehmer in der Nachbarschaft oder in der Umgebung. So können beispielsweise Fenster, Dachziegel, alte Öfen, Öltanks oder Balken vom Abriss in der regionalen Zeitung zum Verschenken ausgeschrieben werden. Selbstverständlich kann für Güter, die noch einen gewissen Marktwert haben, auch ein Verkaufspreis angegeben werden. Das gilt etwa für noch gut erhaltene Schallschutzfenster, neuwertige Ölöfen und dergleichen. Für das Gros der Abfälle ist das örtliche Amt für Umwelt-, Natur- und Verbraucherschutz zuständig. Dort gibt es in der Regel eine Broschüre, in der die Möglichkeiten der Abfallentsorgung mit Adressen, Sammelstellen und Öffnungszeiten aufgelistet sind. Einen Großteil der Abfälle nimmt der Wertstoffhof an. Allerdings sind die Abfallarten, die Mengen und ihr Zustand streng reglementiert. Vor der Lieferung einer großen Menge an Bauabfällen sollte die örtliche Sammelstelle zunächst ausgekundschaftet werden. Bei umfangreichen Abrissarbeiten bleibt dennoch ein Containerdienst nicht erspart. Diese Fuhrunternehmen stellen für eine bestimmte Zeit einen großen Sammelkasten aus Metall zur Verfügung und holen diesen dann per LKW ab, sobald er gefüllt ist. Auch auf diese Art dürfen nur bestimmte Abfälle, und zwar getrennt sortiert entsorgt werden. Eine Ladung mit Bauschutt kostet etwa 100 DM. Ein voller Sperrmüllcontainer wird für etwa 250 DM weggefahren. Die genauen Konditionen teilen die Unternehmen auf Anfrage mit, Adressen stehen im Branchenbuch unter „Containerdienst".

Gesunde Bausubstanz

Nach dem Ausräumen von morschen Böden und Decken, dem Ablösen alter Tapeten, dem Abstemmen von Fliesen und brüchigem Putz, dem Abmontieren rostiger Regenrinnen und weiterer unbrauchbarer Bestandteile kommt die noch erhaltenswerte Bausubstanz zu Tage. Wie weit das Abtragen maroder Bauteile nötig ist, richtet sich wiederum nach dem Gesamtzustand des Gebäudes. In manchen Fällen ist mit der Beseitigung einiger verwitterter Konstruktionselemente und weniger abgenutzter Teile im Haus schon genug Abrissarbeit geleistet. Oft geht der Rückbau aber weiter. So sind normalerweise nach etwa 25 Jahren die Fenster morsch oder undicht. Genauso lässt der Zustand des Daches zu wünschen übrig, zumal bei

Während der Abrissarbeiten dürfen Absicherungen nicht vernachlässigt werden. Insbesondere ist es nötig, schwaches Gebälk abzustützen.

alten Häusern noch wenig Wert auf eine gute Dämmung gelegt wurde. Erhebliche Mängel weist meistens auch der Außenputz auf. Deshalb ist nach dem Abriss der eindeutig maroden oder defekten Hausbauteile eine neue Bestandsaufnahme nötig. Jetzt kann es ganz erheblich ins Geld gehen. So kosten neue Fenster für das ganze Haus mehr als 20 000 DM. Für den Austausch des kompletten Daches mit Ziegeln und Dachstuhl muss mit mehr als 40 000 DM gerechnet werden. Und ein neuer Außenputz ist kaum für weniger als 20 000 DM zu bekommen. Selbstverständlich richten sich alle Kosten nach der Größe des Hauses und der benötigten Menge an Material. Beim Abwägen der Renovierungsarbeiten ist das verfügbare Budget natürlich mit entscheidend. Obwohl eine radikale Verjüngungskur für das alte Haus wünschenswert wäre, sind aus Kostengründen oft nur die wirklich wesentlichen Reparaturen und die unaufschiebbaren Veränderungen machbar. So muss eventuell der Austausch der alten Fenster auf einen späteren Zeitpunkt verschoben werden. Statt eines neuen Ziegeldachs muss für die nächsten Jahre noch die alte Eindeckung genügen. Bis dahin ist es nötig, Bauschäden etwa durch Undichtigkeiten zu verhindern. Brüchige Dachziegel werden ersetzt, schlecht schließende Fenster abgedichtet oder Risse im Putz einstweilen nur ausgebessert. Auch wenn das alte Haus nicht sofort renoviert und zur Bewohnung fertiggestellt wird, sind selbstverständlich Schäden so weit zu beseitigen, dass sich keine Folgeschäden ergeben. Insbesondere sind Undichtigkeiten am Dach, an den Fenstern und den Außentüren zu reparieren. Eventuell muss das Gebäude „vandalensicher" eingefriedet werden, falls Einbruchgefahr besteht.

Im Buchbeispiel wurde nach dem Abriss des alten Kamins ein neuer Doppelkamin für einen Gasbrenner und für den Anschluss gewöhnlicher Öfen aufgebaut. Manchmal genügt auch ein Edelstahlrohr für die Gasheizung.

Erhaltenswerte Pflanzen schützen

Wenn Kletterpflanzen am Haus wachsen, sollten sie natürlich erhalten bleiben. Ein gesunder kräftiger Blauregen, ein alter Efeu oder ein flächendeckender Selbstklimmerwein sind nicht zu ersetzen. Jungpflanzen brauchen wieder viele Jahre, bis sie angewachsen sind und eine Hauswand begrünt haben. Auch wenn die Baufachleute zum Entfernen raten, zumal Kletterpflanzen die Bauarbeiten behindern, sollten Sie erhaltenswerte Pflanzen schützen und vor Beschädigungen bewahren. Falls nötig lassen sich verwilderte Kletterpflanzen im Winter durch einen maßvollen Auslichtungsschnitt zur Verjüngung anregen. Kletterrosen, Weinreben oder auch Spalierobstbäume bekommen nach der Hausrenovierung eine neue Kletterhilfe. Genauso wie Kletterpflanzen sind alte Bäume und Sträucher erhaltenswert. Ein schöner großer Nussbaum oder ein alter Ahorn am Haus, der vielleicht schon vor 50 oder 100 Jahren gepflanzt wurde, ist eine echte Wertanlage. Das gilt natürlich auch für andere Laubbäume. Ein solcher Hausbaum prägt den Charakter des gesamten Anwesens. Leider fallen immer wieder wertvolle Gehölze der Säge zum Opfer, wenn alte Häuser neue Besitzer bekommen. Nach der Renovierung werden erneut junge Bäume eingepflanzt, die erst in 20 bis 30 Jahren stattliche Exemplare bilden. Nur wenn der Baumbestand zu dicht ist, muss eventuell eingegriffen werden. So ist es beispielsweise ratsam, zu eng stehende Fichten zugunsten schöner Laubbäume zu beseitigen. Allerdings ist die Entscheidung für oder gegen bestimmte Gehölze immer vom Garten und der jeweiligen Situation abhängig. Vor einer Fällaktion sollten in jedem Fall Fachleute befragt werden. Manchmal sind auch Umpflanzungen möglich, wenn die Gehölze noch nicht zu lange am Platz stehen. Der Schutz der erhaltenswerten Bäume und Sträucher muss rechtzeitig vor dem Baubeginn geschehen, sonst bleiben sie nicht vor Beschädigungen durch Baumaschinen verschont. Betroffene Bäume sollten vor allem einen Stammschutz bekommen.

Die schon recht große Robinie sollte als Hausbaum und Schattenspender dienen. Sie wurde nach der Fertigstellung des Hauses und dem Verkauf leider von den Nachbesitzern gefällt.

Der Garten war bei der Übergabe des Grundstücks mit großen Fichten bestückt. Die Bäume standen zu eng und behinderten erhaltenswerte Laubbäume an der Entwicklung schöner Kronen. Sie wurden deshalb gefällt.

Nach der Rodung war die Anlage eines Teiches und anderer Gestaltungselemente möglich. Der Bergahorn (links) hat sich mittlerweile zu einem stattlichen Baum entwickelt.

Anschlüsse besorgen (Wasser, Ferngas, Kanalanschluss, Straßenanbindung)

Alte Häuser sind selten mit zeitgemäßen Versorgungssystemen ausgestattet. So fehlt oft noch der Anschluss an das öffentliche Abwasserleitungsnetz, aber auch die Trinkwasserleitungen sind häufig in einem schlechten Zustand. Ebenso erneuerungsbedürftig zeigen sich oft Stromleitungen und Telefonverbindungen. Falls möglich wäre auch ein Anschluss an die Erdgasversorgung von Nutzen, zumal dieser Brennstoff verhältnismäßig abgasarm und kostengünstig ist. Außerdem erfordert das Erdgas, anders als Heizöl, keine Lagerräume. Wenn ein Fernsehkabelanschluss am Haus vorbei führt, wäre im Zuge des Umbaus ein Anschluss einfacher als die Installation einer Satellitenschüssel. Alle Zuleitungen sollten rechtzeitig beantragt werden, damit die ausführenden Firmen die Anschlüsse in ihre Planung aufnehmen können. Je nach Art der Leitung sind die Post, das Stromversorgungsunternehmen, die Stadtverwaltung, die Erdgasversorger und weitere Verwaltungen oder Dienstleistungsbetriebe zu informieren. Auf Anfrage werden die Bedingungen und Kosten mitgeteilt. Zum Teil müssen die neuen Leitungen in Eigenleistung installiert oder vorbereitet werden. So bereitet beispielsweise das Stadtbauamt beziehungsweise die ausführende Firma die Kanalanschlüsse bis zur Grundstücksgrenze vor. Die Zuleitung zum Haus muss dann selbst erledigt werden.

Oben: Beim Verlegen der Kanalrohre muss ein geringes Gefälle eingehalten werden. Dabei richtet man sich nach dem Kanalanschluss in der vorbeiführenden Straße.

Unten: Beim Anschluss an das öffentliche Kanalsystem ist ein Minibagger nützlich. Hier musste erst eine Betondecke aufgestemmt werden.

Lagerplatz schaffen, Zufahrt für Baustoffe ermöglichen

Für den Umbau eines alten Hauses sind die verschiedensten Baustoffe nötig. Zudem bleibt der Abtransport von Schutt, Schrott und anderen Abfällen nicht erspart. Die Beförderung der Güter und Abfälle, die zum Großteil mit LKWs geschieht, bedarf gut befestigter und ausreichend breiter Wege. Zudem müssen Lagerplätze vorhanden sein, die den Rollkies, den Bausand, den Schotter und weitere Baustoffe aufnehmen können und die auch zur Zwischenlagerung von Bauschutt und anderen Abfällen geeignet sind. Die LKWs brauchen einen ausreichenden Raum zum Rangieren und beim Abladen oder Kippen dürfen keine Elektroleitungen, Telefonkabel oder Äste stören. Die Wege und Plätze müssen jederzeit auch bei Nässe ungehindert befahrbar sein. Die Lagerplätze sollten möglichst nahe an der Baustelle liegen, damit die Baustoffe ohne Umwege erreichbar sind und einfach zum Haus transportiert werden können. Recht nützlich sind getrennte Lagerstätten, wo sich die verschiedenen Baustoffe separat etwa in eigenen Boxen lagern lassen. Der Boden sollte möglichst eben und massiv sein, damit die losen Baustoffe wie Kies oder Sand ohne Mühe wegzuschaufeln sind, etwa wenn sie zum Mörtelmischen gebraucht werden. Verderbliche Materialien wie Zement, Kalk, Dämmstoffe oder Farben benötigen bis zur Verarbeitung einen trockenen Unterstand. Dafür kann ein einfacher Holzschuppen gebaut oder eine vorhandene Garage leer geräumt werden. Wertvolle Baustoffe müssen diebstahlsicher untergebracht sein. Wenn kein geeignetes Gebäude vorhanden ist, lohnt sich unter Umständen der Bau eines Nebengebäudes oder der Kauf eines Metallcontainers. Dieser Lagerraum lässt sich später, wenn das Haus fertig ist, weiterhin zur Aufbewahrung von Baustoffen oder auch für andere Utensilien nutzen.

Während der Umbauphase werden ständig neue Baustoffe benötigt, die genügend Platz brauchen. Sie dürfen bei den Arbeiten nicht stören.

Baubude errichten oder Werkzeugkeller einrichten

Während der gesamten Bauzeit und auch später müssen ständig Werkzeuge, Maschinen und Bauteile zur Verfügung stehen. So gilt es schon rechtzeitig vor dem Baubeginn einen Geräteschuppen oder einen ähnlichen Raum zu erstellen oder in einem vorhandenen Gebäude einzurichten. Hier sind dann die Bohrmaschine, die Kreissäge, der Elektrohobel und andere Elektrogeräte, sowie Handwerkzeuge und Kleinteile wie Schrauben, Nägel oder Dübel sicher und jederzeit griffbereit untergebracht. Ein gut geordnetes Werkzeugmagazin erleichtert den Zugriff. Es lohnt sich, für alle Geräte und Utensilien passende Plätze zu schaffen. Dazu können je nach Typ Halterungen und Wandborde dienen. Kleinteile sind gut sortiert in Schubläden oder Lagerkästen untergebracht. Eine übersichtliche Einrichtung erleichtert später, wenn es auf der Baustelle eilig zugeht, den Zugriff. Im Werkzeugschuppen oder Geräteraum sollte auch Platz für eine Werkbank mit Schraubstock sein. Hier lassen sich dann während der Bauphase auch spezielle Verbindungselemente und andere Sonderanfertigungen zurichten. Nützlich wäre zudem die Installation einer Standbohrmaschine, einer Tischkreissäge und weiterer Baumaschinen, die von den Fachkräften der Baufirmen immer wieder gebraucht werden. Wichtig ist, dass solche Geräte den Sicherheitsstandards entsprechen und dass sie frei zugänglich und ungehindert erreichbar sind. Bei Platzproblemen lassen sich die Tischgeräte eventuell ins Freie umstellen oder auf Rollen in den Garten fahren. Das Gerätemagazin sollte

Oben: Vor dem Hausbau wurde ein Holzschuppen als Werkraum errichtet. Der lang gestreckte Bau sollte zugleich einen Sichtschutz und Lärmschutz bieten.

Mitte: Der leichten Balkenkonstruktion genügen Punktfundamente aus Betonrohren, die in den Boden eingesenkt sind. Das Bauholz stammt vom Sägewerk.

Unten: Zum Eindecken dienen sägeraue Bretter. Sie werden auf den Dachsparren festgenagelt und später mit Dachziegeln eingedeckt.

natürlich leicht erreichbar sein und möglichst nahe an der Baustelle stehen, der Schuppen muss wetterfest gebaut und einbruchsicher sein. Eine „Baubude“ kann auch später, wenn der Umbau vollendet ist, weiterhin als Geräteschuppen dienen. Es lohnt sich deshalb, ein ausreichend stabiles und ansehnliches Gebäude zu erstellen. Ein Werkzeugcontainer aus Metall, der in Baustoffhandlungen zu bekommen ist, lässt sich mit Kletterpflanzen begrünen und auf diese Weise attraktiver gestalten. Selbstverständlich kann das Werkzeugmagazin auch im Haus eingerichtet werden, wenn dort ein geeigneter Raum zur Verfügung steht.

Schallschutzschuppen

Ein Holzschuppen, der als Lärm- und Sichtschutz und zugleich als willkommener Arbeits- und Lagerraum dient, kann beispielsweise für Anlieger einer viel befahrenen Straße ideal sein. In unserem Beispiel entstand ein solches Nebengebäude vor den Umbauarbeiten.

Bevor Sie ans Werk gehen und einen Schuppen bauen, erkundigen Sie sich zunächst beim Bauamt, denn in jedem Bundesland herrschen andere Bestimmungen bezüglich der Größe, der Nutzung, der Grenzabstände und Ähnlichem.

Gegen den Bau eines Holzschuppens oder einer Gartenhütte gibt es in der Regel von Seiten der Gemeinde- oder Stadtverwaltung keine Einwände, wenn nicht das Ortsbild verschandelt oder etwa die Sicht an einer Straßenkreuzung behindert wird. Allerdings kann ein übergeordnetes Amt zuständig sein, so etwa das Straßenbauamt, wenn der Schuppen an einer Bundesstraße entstehen soll. Also: Fragen kostet nichts! Und auch betroffene

Die Verkleidung der Wände wirkt wie ein Bretterzaun; die Lärmschutzwirkung macht sich sofort bemerkbar. Die Abstände zwischen den Brettern werden später noch mit Decklatten geschlossen.

Damit die Bretter nicht mit dem Boden in Berührung kommen, ist es nötig, ein Stück abzusägen. Beim Markieren der Schnittkante hilft eine Richtlatte.

Links: Das Absägen ist dann mit einer Stichsäge möglich. Selbstverständlich lassen sich die Bretter schon vor dem Festnageln auf die passende Läge zurichten.

Unten: Die zweite Seitenwand bekommt ein Fenster. Hier müssen die Bretter passend zugeschnitten und eingefügt werden.

Oben: Die zum Garten offene Seite soll in diesem Baubeispiel nur teilweise mit Brettern verkleidet werden. Als Auflager sind Holzlatten ausreichend.

Mitte: Die Boden-Deckel-Schalung hat den Vorteil, dass die sägefrischen Bretter weiter schwinden können. Die Zwischenräume bleiben dennoch von den Latten überdeckt.

Unten links: Für die Türe ist ein schmales Streifenfundament (es genügt eine Schalung aus Abfallbrettern) nötig.

Unten rechts: Eine billige Fenstertüre vom Baumarkt tut es für den einfachen Schuppen auch. Sie lässt sich – falls nötig – mit dem Hobel passend für die Laibung zurichten.

S. 43: Das abgetrennte Abteil des Schuppens soll als Werkzeuglager und Arbeitsraum dienen. Diese kleine Werkstatt wird neben der Fenstertüre noch mit einem zusätzlichen Fenster an der Gartenseite ausgestattet.

Ein fester Boden erleichtert die Nutzung. Zum Pflastern dienen Klinkersteine, die auch im Garten verwendet werden.

Das Verfugen mit Quarzsand festigt die Pflastersteine. Der feine Sand lässt sich mit einem Besen in die Fugen kehren.

Der fertige Schuppen ist eine nützliche Barriere zur Straße. Er bietet viel Stauraum und schirmt zudem recht wirksam ab.

Nachbarn wollen informiert sein. Argumente wie der nötige Schutz vor Lärm werden durchaus akzeptiert, sodass einer Genehmigung normalerweise nichts entgegensteht. Falls möglich lässt man den Schuppen am besten gleich in den Hausbauplan mit aufnehmen und von der Baubehörde schriftlich genehmigen.

Je nach Größe wird zunächst ein geeignetes Fundament geschaffen, wobei Punktfundamente gewöhnlich ausreichend sind. Sie lassen sich einfach und tragfähig aus Betonrohren bauen, die im Baustoffhandel erhältlich sind. Die Holzkonstruktion steht fest und verrottungssicher auf Pfostenankern (Balkenträgern), die in die Punktfundamente einbetoniert werden. Richten Sie die Fundamente exakt ein, damit sie alle in der gleichen Höhe und Flucht sind. Nachdem der Beton gehärtet ist, können die Eckpfosten für das Traggerüst aufgestellt und befestigt werden. Eine einfache Montage der Holzbauteile ermöglichen Winkelverbinder aus Metall. Auch beim Aufstellen und Ausrichten der Holzkonstruktion muss exakt gemessen und ausgewinkelt werden, damit die Eckpfosten genau senkrecht und die Sparren waagerecht beziehungsweise die Dachsparren in der richtigen Schräge liegen.

Sobald das Holzgerüst steht, kann das Dach mit Brettern eingeschalt und mit Dachpappe abgedichtet werden, dann ist der Schuppen schon regenfest. Die Seitenwände können aus Profilbrettern oder aus einer Boden-Latten-Schalung geschaffen werden. Die Bretter sollten 24 mm dick sein, damit sie als Schallschutz wirksam sind. Sofort nach der Verschalung ist die Lärm- und Sichtschutzwirkung deutlich spürbar. Später können Kletterpflanzen diese Wirkung noch verstärken. Die geschlossene Kammer bekommt eine Tür und zwei Fenster. Für die Tür ist ein schmales Streifenfundament nötig, der Boden entsteht aus Pflasterklinkern, die auf Sand verlegt, mit einer Rüttelplatte gefestigt und mit Quarzsand verfugt werden.

Der Schuppen bietet sich sehr gut für Holzarbeiten und insbesondere zum Gärtnern an, so etwa zum Stecklingeschneiden, für die Aussaat oder zum Umtopfen – er lässt sich aber auch zum Feiern nutzen. Der geschlossene Teil eignet sich gut als Werkstatt oder als Lagerraum für Gartengeräte.

Der Schuppen ist auch im Winter nutzbar, wenn er innen gedämmt wird, was zum Beispiel mit Styroporplatten und Profilbrettern gut möglich ist. Durch die Dämmung lohnt sich auch die Einrichtung einer Heizung. Für den Betrieb von Elektrogeräten und Arbeiten bei Dunkelheit ist ein Stromanschluss empfehlenswert. Dazu legt man am besten ein Erdkabel vom Wohnhaus zum Schuppen und installiert in der Werkstatt Steckdosen und Lampen. Die Steckdosen sind übrigens auch für Gartenarbeiten nützlich, etwa für den Anschluss des Rasenmähers oder der Heckenschere. Noch ein Tipp zur Optik: Gewöhnlich genügt es, das Dach mit Bitumenbahnen (Dachpappe) zu decken, vor allem, wenn später Kletterpflanzen darüber wachsen. Ein Ziegeldach ist natürlich auch ohne Begrünung und von Anfang an dekorativ.

Schließlich ist eine Dachrinne am Schuppen nicht zu vergessen, damit das Regenwasser keine Bauschäden verursacht. Das Wasser lässt sich vorteilhaft in ein Sammelgefäß leiten.

Wohnraum sichern

Schon vor Beginn der Umbauten sollte falls nötig ein Ersatzquartier für die Bewohner gesucht oder geschaffen werden. Günstig wäre das Anmieten einer Wohnung möglichst in der Umgebung, dann bleiben lange Anfahrtswege erspart. Ein gewisser räumlicher Abstand zur Baustelle erspart den Dauerstress durch Bauprobleme, Bauschutt und dergleichen, vor allem aber bietet die Wohnung eine Rückzugsmöglichkeit während der gesamten Bauphase. Wer während der Bauarbeiten auf der Baustelle wohnen muss oder will, ist ständig von Lärm, Staub und Störungen durch Arbeiter belästigt. Da hilft selbst eine Abschottung wenig. Die Belästigungen lassen sich nur durch einen Umzug in ein anderes Gebäude vermeiden. Wer dennoch bleiben will, muss außerdem im Zuge der Umbauten

Die Renovierung des Hauses begann mit dem Umbau des Ladens in einen Büroraum. Zunächst stand der Ausbau der alten Schaufenster auf dem Programm.

mehrere Quartierwechsel im Haus hinnehmen, zumal alle Räume von der Renovierung betroffen sind. Hinzu kommt, dass die Bewohner der Baustelle natürlich auch die Arbeiten stören. Ein unbewohntes Haus hat keine Ohren, außerdem sind in ihm keine umständlichen Schutzmaßnahmen gegen Regen oder zur Gebäudesicherung nötig.

In unserem Beispiel wurden zwei Quartiere geschaffen, da Teile des Hauses zunächst nicht von den Abrissarbeiten betroffen waren. Genau genommen blieb eine Wohnung im Erdgeschoss zunächst bestehen. Zudem wurde ein noch gut erhaltener Seitenflügel eingerichtet. Dieser Teil des Hauses konnte einigermaßen effektiv von der übrigen Baustelle abgeschottet werden. Hier kam der Einbau neuer Fenster und Türen vorgezogen an die Reihe. Zunächst mussten aber auch in diesem Teil des Hauses die Ausräumarbeiten erledigt und die Mauerdurchbrüche geschaffen werden. Nach dem Fenster- und Türeinbau, der Abtrennung mit einer Zwischenwand vom übrigen Gebäude, dem Einbau von Fußboden und Holzdecke und der Einrichtung eines Ofens diente dieser Teil dann während der gesamten Bauzeit als „Baubüro".

Rechte Seite: Mit Hilfe von Schalbrettern konnten saubere Laibungen für den Einsatz der Fenstertüren vorbereitet werden. Der „Bauspezi", ein studierter Betriebswirt und gelernter Elektriker, konnte sich bei allen Arbeiten helfen (siehe auch Seite 80-85).

Mauerwerk statt Glas. Die Fensteröffnungen wurden mit Dämmziegeln zugemauert.

Der Umbau

Aufbauen

Wenn wie in unserem Haus das alte brüchige Mauerwerk zum Teil abgetragen werden muss, bleibt nichts anderes übrig, als von Grund auf neu aufzubauen. Jedenfalls sind die tragenden Wände zu ersetzen, die als Auflager für neue Decken oder für den Dachstuhl dienen. Obwohl der Aufbau neuer Mauern mehr Mühe macht als die Ausbesserung alter, aber noch guter Wände, hat ein derart radikaler Eingriff in ein altes Haus auch Vorteile. Insbesondere ist dadurch eine neue Raumaufteilung machbar, außerdem ist die Nutzung moderner Baustoffe möglich – so lassen sich beispielsweise alte Bruchsteinmauern durch Dämmziegel ersetzen.
Das Entkernen darf aber nur die wirklich schadhaften und nicht mehr reparablen Gebäudeteile betreffen. Gesundes Mauerwerk bleibt auf jeden Fall erhalten. Immerhin prägt uriges Gemäuer den Charakter eines alten Hauses. Mit neuen Baustoffen lassen sich natürlich keine altertümlichen Kellergewölbe schaffen, zumal nur noch wenige Fachleute die alten Bautechniken beherrschen. Hinzu kommt, dass der Aufbau von urtümlichen Mauern

Nach dem Ausräumen des maroden Mauerwerks musste erst ein Streifenfundament für die neuen Wände geschaffen werden, zumal das alte Haus nicht unterkellert war. Bei diesen und anderen Arbeiten sind Helfer auf der Baustelle stets willkommen.

wesentlich länger dauert als die Erstellung von neuen Wänden mit Schnellbausteinen oder neuen Ziegeln. In einem alten Haus sind diesbezüglich immer Kompromisse nötig. Dies sind Entscheidungen, die der Eigentümer nicht alleine treffen kann, sondern in Absprache mit den Mitbewohnern und Baufachleuten entscheiden muss. Besonders schwierig wird es, wenn in einem alten Haus schon mehrmals Umbauten oder Anbauten erfolgt sind und viele verschiedene Baustoffe zum Einsatz kamen. So waren eine Zeit lang Metallfenster in Mode, die heute kaum noch zu sehen sind. Im Zuge der Modernisierung werden solche Fenster ersetzt, obwohl sie durchaus noch dicht und funktionsfähig wären. Selbstverständlich haben sie nicht ausgedient. Sie lassen sich beispielsweise in einem Nebengebäude oder einem selbst gebauten Gewächshaus wieder verwerten. Anders verhält es sich mit Welleternitplatten. Diese hässliche Dacheindeckung muss als Sondermüll entsorgt werden, auch wenn sie noch völlig wasserdicht ist. Beim Abtragen dürfen keine Platten zerbrechen, damit die gesundheitsschädlichen Asbestfasern im Beton gebunden bleiben.

„Auf geht´s". Endlich kann der Wiederaufbau beginnen. Ein Mauersperrband aus Dachpappe verhindert, dass Feuchtigkeit in die Wände aufsteigt.

Links: Die tragenden Wände müssen natürlich richtig platziert sein. Sie dienen als Auflager für die Betondecke.

Unten: Mit vereinten Kräften und großen Dämmziegeln ist das neue Mauerwerk bald errichtet. Hier wurde der Doppelkamin integriert.

Dacherneuerung oder Renovierung

In unserem Beispiel waren verschiedene Gebäudeteile renovierungsbedürftig. Das Haupthaus aus dem Jahr 1910 hatte schon einige Umbauten erlebt. Außerdem zeigten die Dachbalken Brandspuren. Der Zimmerer wies darauf hin, dass der schwache Dachstuhl nicht für eine Ziegeleindeckung geeignet sei, das alte Welleternitdach musste aber beseitigt werden. So standen verschiedene Lösungsmöglichkeiten an. Am preisgünstigsten wäre die Eindeckung mit Bitumenschindeln gewesen, denn dafür hätte der alte Dachstuhl noch ausgereicht. Dagegen sprachen aber ästhetische Gründe, zumal der Architekt bereits Dachziegel eingeplant hatte. So war die Verstärkung des alten Dachstuhls im Gespräch. Dagegen hatte wiederum der Zimmerer Einwände, mit der Begründung, dass die Erhaltung und Ausbesserung des vorhandenen alten, noch dazu schwachen Dachstuhls keine gute Lösung sei. Beim Anblick des maroden, wurmstichigen Gebälks war diese Erklärung durchaus überzeugend. So fiel letztendlich die Entscheidung für einen völlig neuen Dachstuhl in diesem Gebäudeteil, während der noch recht gut erhaltene ehemalige Neubau seinen Dachstuhl behalten konnte.

Nach der Entscheidung für diese Lösung wurde der neue Dachstuhl in der Zimmerei vorbereitet. Währenddessen war genügend Zeit zum Abtragen der alten Dacheindeckung und zum Abriss des Gebälks. Die Eternitplatten mussten zum Teil in einer Sondermülldeponie entsorgt werden. Für die noch guten Platten gab es Abnehmer im Dorf, die Balken wiederum fanden später Verwendung beim Bau eines Geräteschuppens. Die Entscheidung für einen neuen Dachstuhl hatte auch Folgen für das Mauerwerk: Die schwachen Kniestöcke und die Giebel konnten den neuen Dachstuhl nicht mehr tragen, deshalb waren ein Abriss und Neuaufbau erforderlich. Dieser ganz wesentliche Eingriff wäre durch den Erhalt des alten Daches erspart geblieben. Hier zeigt es sich, dass Entscheidungen beim Umbau eines alten Hauses oft erst während der

Vor dem Aufbau waren zunächst umfangreiche Abrissarbeiten nötig. Nach dem Abdecken kam der schwache Dachstuhl ans Licht, der nicht für eine Ziegeleindeckung geeignet war.

Das alte Gebälk hatte zudem noch Schwachstellen. Es war beim Anbau des seitlichen Ladengebäudes teilweise beschädigt worden. Seine Erneuerung und Verstärkung waren deshalb nicht ohne Schwierigkeiten machbar.

Links: Nach dem Abriss des Dachstuhls war nicht mehr viel vom ursprünglichen Kernhaus übrig. In diesem Zustand schreckte nun ein weiterer Abriss der morschen Zwischendecke nicht mehr ab.

Unten: Damals, im Jahr 1910, mussten die Vorfahren mit wenigen Baustoffen auskommen. Gespart wurde unter anderem auch beim Gebälk und bei den Dämmmaterialien. Die Zwischendecke war mit Strohmatten und Schutt ausgefüttert.

Rechts: Der Abriss erfordert immer eine Trennung der Baustoffe. Gut erhaltene Balken lassen sich wiederverwenden, wenn sie vorsichtig gelöst und gelagert werden.

Unten: Auch hier erleichtern Hilfskonstruktionen die Arbeit. Schalungsdeckel bieten mehr Halt als die alten Balken.

Bauarbeiten möglich sind. Mit Änderungen des ursprünglich geplanten Bauablaufs ist stets zu rechnen. Selbstverständlich bleiben dadurch auch Verzögerungen und Mehrkosten nicht aus. Das Abwägen von Entscheidungen für oder gegen Gebäudeteile muss immer sehr gründlich geschehen. Dabei dürfen auch Nebeneffekte und Folgen für andere Elemente am Bau nicht übersehen werden. Hierbei können sich aber auch günstige Nebenwirkungen ergeben. So machte im beschriebenen Beispiel der neue Dachstuhl nicht nur ein verstärktes Mauerwerk nötig, sondern brachte auch die Möglichkeit einer Innendämmung zwischen den Balken mit sich.

Nach dem Abriss blieben nur noch die Grundmauern übrig. Die beiden Seitenflügel sind aber intakt.

Falls nötig brauchen einsturzgefährdete Wände eine Abstützung. Dazu können die alten Dachbalken dienen.

Wetterschutz

Wenn das alte Dach zu erneuern ist, steht das Haus eine Zeit lang ohne Schutz da. Bis die alten Balken erneuert oder verstärkt sind und die neue Eindeckung wieder einen Wetterschutz bietet, bewahrt eine Regenschutzplane den Innenraum vor Nässe. Es lohnt sich, eine strapazierfähige Kunststoffplane zu kaufen, die mit Metallösen ausgestattet ist und sich damit einfach, aber straff befestigen lässt. Dieser Wetterschutz ist auch nach der Dachrenovierung noch gut zu gebrauchen. Die Plane kann später beispielsweise zum Abdecken von Brennholz oder zum Schutz von Zement und anderen Baustoffen dienen. Falls nötig müssen mehrere Planen besorgt werden. Unter Umständen kann die Baufirma oder die Zimmerei aushelfen, wenn eine große Dachfläche zu schützen ist. Selbstverständlich sollten die Arbeiten am Dach im Sommerhalbjahr erledigt werden. Ein wirksamer Wetterschutz ist auch nötig, wenn das Dach zwar dicht ist, aber der Umbau im Haus während der Wintermonate erfolgt. Insbesondere ist ein Frostschutz nötig, wenn Putz- oder Malerarbeiten zu erledigen sind. Solange keine funktionierende Heizung installiert ist, können Öfen für Wärme sorgen. Wenn auf der Baustelle auch der Anschluss von Öfen noch nicht möglich ist, leistet ein Gasbrenner gute Dienste.

Wichtig ist es, rechtzeitig vor dem Winter für den Einbau der Fenster zu sorgen, falls neue Fenster nötig sind. Die Schreiner haben im Spätsommer und Herbst oft Terminprobleme, zumal dann viele Bauobjekte auf neue Fenster warten. Durch rechtzeitige Bestellungen sind Lieferprobleme zu vermeiden. Es lohnt sich natürlich auch, im Zuge der Bausanierung die Dämmung anderen Arbeiten vorzuziehen, wenn der Winter vor der Tür steht. Das erspart unnötige Heizkosten und macht den Innenausbau auch in der kalten Jahreszeit weiter möglich. Welche Art der Dämmung am günstigsten ist, liegt am Bauobjekt und am Zustand des Gebäudes. Wirksamer als eine nachträgliche Innendämmung wäre in jedem Fall die Dämmung der Außenwände.

Nach dem Abdecken des Dachs und dem Abtragen des Dachstuhls im hinteren Gebäudeteil schützt einstweilen eine Kunststoffplane die bewohnten unteren Räume.

Die Schutzplanen haben auch nach dem Erstellen des neuen Dachstuhls einen Nutzen, zumal vor dem Dachdecken noch Maurerarbeiten zu erledigen sind.

Tragende Wände bauen oder verstärken

Nachdem in unserem Beispiel die Eternitplatten abgedeckt und der Dachstuhl abgetragen war, stand der vordere Giebel frei. Es zeigte sich nach der Begutachtung durch den Baufachmann, dass die schwache Ziegelmauer den neuen Dachstuhl nicht tragen konnte. So musste auch diese Mauer abgetragen werden. Genauso erging es dem alten Kniestock, auf dem die Dachbalken seitlich gelagert waren. Mittlerweile standen vom alten Haus nur noch die beiden Anbauten, die später erstellt wurden, vollständig – das Rückgebäude etwa aus dem Jahr 1960 und der seitliche Anbau, der etwa 1980 erfolgte. Vom ursprünglichen Haus aus dem Jahr 1910 waren noch die Grundmauern und darauf die Zwischendecke erhalten. In diesem Baustadium war zu überlegen, ob nicht auch diese alte Zwischendecke besser durch eine neue Betondecke zu ersetzen wäre. Bei gründlicher Untersuchung zeigte es sich, dass die Decke eine Strohdämmung hatte und die Balken schon morsche Stellen aufwiesen. So ließ sich die Entscheidung für eine neue Decke nicht umgehen. Den Vorzug vor einer Balkendecke erhielt aus statischen Gründen eine massive Betondecke, der weitere Abriss blieb also nicht erspart. Schließlich waren vom alten Haupthaus nur noch die Grundmauern übrig, zumal mit den Wänden und der Zwischendecke auch der Kamin abgetragen worden war.

Auf dieser Basis konnte erst nach einer gründlichen Vorbereitung wieder neu aufgebaut werden. Dazu war es nötig, den Putz und alte Fliesen zu entfernen, um dann das Bruchsteinmauerwerk zu sanieren. Nach dieser Entkernung des alten Gemäuers, die nicht zu vermeiden war, begann mit dem Aufmauern der tragenden Zwischenwände der Neuaufbau. Der Boden konnte in diesem Gebäudeteil erhalten bleiben. Allerdings war es nötig, für die tragenden Mauern Streifenfundamente zu schaffen. Dafür wurden entsprechende Gräben ausgekoffert und mit Beton gefüllt. Nach dem Aushärten dieser Fundamente und dem Auflegen eines Mauersperrbands aus Teerpappe gegen aufsteigende Bodenfeuchtigkeit konnten die Mauern aus

Für eine Decke aus frischem Beton ist eine tragfähige Schalung nötig. Die Baufirma, die auch die Baustoffe lieferte, stellte für einen geringen Betrag das erforderliche Material zur Verfügung.

Hier wurden die Träger schon mit Stahlbolzen eingerichtet. Die Vorbereitung der Schalung lässt sich vermeiden, wenn eine Fertigdecke bei einer Betonbaufirma bestellt wird.

Dämmziegeln hochgezogen werden. In eine der tragenden Wände wurde der Kamin integriert. Der Doppelkamin wurde für einen Gasbrenner und den Anschluss gewöhnlicher Öfen vorgesehen.

Bei anderen Gebäuden kann unter Umständen ein Außenkamin aus Edelstahl für einen Gasbrenner genügen. In unserem Beispiel sollte der Anschluss von Holzöfen weiterhin möglich sein. Zu beachten ist in jedem Fall, dass ein Gasbrenner einen eigenen speziellen Kamin benötigt. Vor der Entscheidung oder vor der Installation gibt der zuständige Kaminkehrer Auskunft. Er weist auch auf weitere Voraussetzungen für diese abgasarme Brennertechnik hin. So muss beispielsweise ein ausreichend großer Heizungsraum mit Lüftung für den Gasbrenner zur Verfügung stehen. Selbstverständlich muss ein Anschluss auch an die Ferngasleitung möglich sein, es sei denn, der Brenner wird mit Flüssiggas aus einem Tank gespeist. Wer statt einer Gasheizung lieber eine Holz- oder Ölheizung einrichtet, muss natürlich genauso die nötigen Voraussetzungen schaffen. Auch dazu ist vom Kaminkehrer oder vom Heizungsbauer Auskunft zu bekommen. Besonders bei der Wahl der Heizung und Warmwasserversorgung lohnen sich Vergleiche der verschiedenen Anlagen und Techniken. Möglicherweise kommt auch die Nutzung von Sonnenenergie in Kombination mit herkömmlichen Ener-

Oben: Schalungsdeckel nehmen den flüssigen Beton auf. Die Schalung muss allerdings dicht sein und auch an den Rändern abschließen.

Links unten: Nicht zu vergessen sind die Schächte für die Wasser- und Heizungsrohre. Dafür werden nach Plan spezielle Schalungen aus Holz gefertigt und befestigt.

Rechts unten: Kältebrücken lassen sich mit Dämmstreifen aus Styropor vermeiden. Sie dürfen beim Betonieren nicht verrutschen.

giequellen in Frage. Dann muss ein spezielles Konzept entwickelt werden, zumal die Installation von Solarmodulen, der Einbau eines Pufferspeichers und weiterer Elemente nötig sind. Unter Umständen gibt es für diese Form der Energieversorgung auch staatliche Zuschüsse. Dann lohnt es sich, rechtzeitig einen Antrag zu stellen.

Das Aufbauen neuer Wände geht manchmal schneller als der Abriss in Handarbeit, es sind meist schon bald nach Baubeginn Fortschritte zu sehen. Die großen Dämmziegel lassen sich recht einfach handhaben. Um Fehler zu vermeiden, ist unter Umständen eine neue Teilplanung für diesen Bauabschnitt nötig. Insbesondere wenn das Entkernen des Gebäudes nicht vorgesehen war, sollte zumindest eine Skizze angefertigt werden. Wenn keine wesentlichen Veränderungen an der Fassade zustande kommen und keine entscheidenden Abweichungen vom Bauplan zu erwarten sind, hat das Bauamt in der Regel keine Einwände. Allerdings sollten die unvorhergesehenen Eingriffe mit dem zuständigen Planer besprochen werden. Wenn sich größere Veränderungen ergeben, empfiehlt es sich beim Bauamt anzufragen, sonst kann es nach Fertigstellung des Hauses unter Umständen Probleme bei der Bauabnahme geben. Die Änderungen der Raumaufteilung beim Aufmauern neuer Zwischenwände haben natür-

Hier ist noch einmal zu sehen, wie die Schalung aufgebaut wird. Die Schaldeckel müssen bündig an den tragenden Wänden liegen.

lich auch Folgen bei der Anfertigung und Beschaffung dazu gehörender Bauelemente. So gilt es beispielsweise, die Türen und Fenster neu zu bemessen, die Bodenbeläge anders zu gestalten, Treppen zu verändern und Ähnliches. Falls die Anfertigung von Bauteilen schon in Auftrag gegeben wurde, sind die Firmen rechtzeitig über die Änderungen zu informieren. Selbstverständlich macht der Neuaufbau auch wünschenswerte Änderungen möglich. So lassen sich die Türen an günstigeren Stellen einsetzen und die Räume speziell für die spätere Nutzung einteilen. Die neuen Mauern müssen aber als Auflager für die Zwischendecke geschaffen sein. Insbesondere brauchen die tragenden Wände eine ausreichende Stärke, damit sie das Gewicht der neuen Balken- oder Betondecke auffangen. In kleinen Gebäuden ist es manchmal wünschenswert, auf Zwischenwände ganz zu verzichten, um einen großen Raum zu schaffen. Die Abstände zwischen den tragenden Mauern dürfen dann nicht zu groß sein, damit die Decke sicher aufliegt. Andernfalls sind zusätzliche Unterzüge in Form von Stahlträgern oder Stahlbetonstürzen nötig.

Zwischendecken bauen

Wenn die Zimmerdecken im alten Haus noch gut erhalten sind, können sie natürlich bestehen bleiben. Ist eine neue Raumaufteilung erwünscht, müssen Zwischenwände weichen und die Decke braucht eine Stütze. In diesem Fall kann ein Stahlträger als Unterzug eingebaut werden, genauso ist der Aufbau einer neuen tragenden Wand möglich. Einstweilen kann während der Abbrucharbeiten von Zwischenwänden die Abstützung der Decke mit Hilfe von Stahlträgern geleistet werden. Solche ausziehbaren Stahlrohre sind leihweise bei der zuständigen Baufirma zu bekommen. Die Stahlbolzen können auch beim Bauen einer neuen Decke als Stützen dienen, sie halten die Schalungsdeckel in Position, die den Beton aufnehmen. Der Bau einer Schalung für eine Betondecke erfordert etliche dieser Bolzen und die nötigen Schalungsdeckel für die gesamte Fläche. Zudem sind Balken nötig, die als Auflager der Schalungsdeckel gebraucht werden.

Der zähflüssige Beton passt sich genau der vorgefertigten Schalung an. Die Vorbereitungen müssen sorgfältig geschehen. Wichtig ist vor allem eine ausreichende Bewehrung mit Baustahl.

Der Aufbau und das Einrichten einer Deckenschalung müssen sorgfältig geschehen, zumal sie ein enormes Gewicht zu tragen hat. Der Beton kann selbst aus Kies, Zement und Wasser in einer Mischmaschine hergestellt werden. Schneller ist jedoch der Bau einer Decke mit Hilfe von Fertigbeton. Dieser wird auf Bestellung per LKW zur Baustelle transportiert und von einem zweiten LKW, der mit einer Betonpumpe ausgestattet ist, nach oben befördert. Vor dem Betonieren muss die Armierung auf der Schalung eingerichtet werden. Dazu dienen Baustahlmatten, die ganzflächig zu verteilen sind. Zudem ist zur Aufnahme des frischen Betons eine Einfassung nötig, wofür ein Sockel aus Ziegeln aufgemauert wird. An Treppenausschnitten in der Decke halten Bretter, die entsprechend zugeschnitten und eingepasst werden, den flüssigen Beton fest. Selbstverständlich sollte der Deckenbau von einem Fachmann vorbereitet und überwacht werden. Einfacher ist eine Fertigdecke zu bekommen: Hier werden Betonelemente auf Bestellung von speziellen Betonbaufirmen angefertigt, per LKW geliefert und mit einem Kranwagen aufgesetzt. Selbstverständlich ist eine Betondecke nicht für jedes alte Haus geeignet. Manchmal ist eine Holzbalkendecke passender, die unter Umständen in Eigenregie gebaut werden kann. Auch dafür sind Vorbereitungen der tragenden Mauern zu treffen. Eine solche Decke wurde in unserem Beispiel später beim Aufbau des Wintergartens mit Dachterrasse geschaffen.

Oben: Die Baustahlmatten dürfen nicht direkt auf den Schalungsdeckeln aufliegen. Ein geringer Abstand ist mit Hilfe von Kunststoffringen zu bekommen.

Mitte: Die Baustahlbewehrung gibt der Betondecke die nötige Zugfestigkeit. Die Decke überspannt nach dem Aushärten den Raum zwischen den tragenden Wänden.

Unten: Gleichermaßen wird die ganze Fläche mit Abstandsringen und dann mit Baustahlmatten ausgelegt. Der Baustahl lässt sich mit einem Bolzenschneider passend zurichten.

Oben: Das Betonieren geht – anders als die Vorbereitung der Schalung – in wenigen Minuten über die Bühne. Der Fertigbeton wurde hier schon mit einer Pumpe nach oben befördert. Der Vibrator sorgt dafür, dass sich der Beton gut verteilt.

Mitte: Wenn die Betonlieferung vom Werk nicht ganz ausreicht, kann selbst gemischter Beton zum Auffüllen dienen.

Unten: Sobald die Betondecke ausgehärtet und die Schalung entfernt ist, geht der Aufbau des Mauerwerks voran. Der Mörtel kommt frisch aus der Maschine. Das Aufziehen ist mit einer Seilwinde möglich.

Rechts: Die Bausteine hebt der Kranwagen schon bei der Lieferung direkt an die Baustelle. Ein Gerüst erleichtert die Maurerarbeiten.

Unten: Die tragfähige Betondecke bietet später eine sichere Basis für den weiteren Aufbau. Hier steht schon der Dachstuhl. Bis es so weit ist, müssen aber noch viel Schweiß, Bier und Geld fließen.

Das neue Mauerwerk muss natürlich an den Dachstuhl angepasst werden. Eine Rücksprache mit der Zimmerei hilft, Komplikationen zu vermeiden. Hier sitzt das neue Gebälk bereits auf dem Rohbau. Nach dem Einschalen mit Brettern und Abdecken mit Bitumenbahnen kommt der Anbau an die Reihe. Hier bleibt der alte Dachstuhl erhalten.

Der neue Dachstuhl wurde nach dem Ausmessen in der Zimmerei nach Maß angefertigt. Die Montage auf der Baustelle war in wenigen Stunden erledigt.

Oben: Nach dem Errichten des Dachstuhls, dem Einschalen mit Brettern und dem Wetterschutz mit Bitumenbahnen kam die Auflattung an die Reihe. Die gesamte Dachkonstruktion wurde im Auftrag an eine Dachdeckerfirma übergeben.

Unten: Auch die Eindeckung mit Dachziegeln war im Kostenvoranschlag enthalten. Die gesamte Dacherneuerung einschließlich der Spenglerarbeiten verursachte Kosten von ca. 40 000 DM. In Eigenleistung sind Einsparungen möglich.

Nach der Dacherneuerung konnte der weitere Aus- und Umbau wieder langsamer in Angriff genommen werden. In diesem Bauzustand waren noch etliche Arbeiten zu erledigen.

Kamine bauen oder renovieren

Alte Häuser haben meist einen zentralen Kamin, der aus Ziegeln aufgemauert wurde. Je nach Gebäudegröße können weitere Ziegelkamine vorhanden sein. Soweit es möglich ist, lohnt es sich, die Kamine zu erhalten oder zu sanieren. Auch wenn eine zentrale Gas- oder Ölheizung eingebaut wird, die nur einen Kamin benötigt, können weitere Kamine nützlich sein. Sie stehen später beispielsweise zum Anschluss von Holzöfen oder Kachelöfen bereit. Selbstverständlich müssen marode oder versottete Kamine saniert werden. Ob sich der Aufwand lohnt oder ob unter Umständen die Installation neuer Kamine günstiger ist, muss von Fachleuten beurteilt werden. Hier kann der zuständige Kaminkehrer Auskunft geben.

Im beschriebenen Beispiel wurde ein Doppelkamin für eine Gasheizung und für den Anschluss von Öfen beim Aufbau eines Gebäudeteils in die Wände integriert. Ein weiterer vorhandener Kamin musste saniert werden. Ein dritter Kamin war in gutem Zustand und diente schon während der Bauphase für einen Kaminofen. Ein vierter Kamin wurde teilweise abgetragen und stillgelegt. Die neuen Kamine beziehungsweise die Kaminköpfe entstanden aus Klinkersteinen. Einfacher lassen sich Kaminköpfe aus Betonfertigteilen erstellen, die mit Titanzink- oder Kupferblech verkleidet werden. Für eine Gasheizung genügt sogar ein Edelstahlrohr, das beispielsweise in einen alten Kamin eingesetzt oder außen am Haus montiert wird. Gasbrenner entwickeln sehr niedrige Abgastemperaturen, die keine Isolierung erfordern. Ein Gasbrenner braucht allerdings einen eigenen Kamin, denn er darf nicht an einen vorhandenen Kamin angeschlossen werden, der die Abluft anderer Öfen aufnimmt. Statt eines Edelstahlrohrs können auch spezielle Tonrohre für den Kaminbau dienen, die, anders als gewöhnliche Kaminrohre, innen glasiert sind.

Oben: Der Kamin wurde natürlich schon vor dem Dachdecken gebaut. Dazu dienten Fertigteile von einer Kaminbaufirma.

Unten: Der Aufbau eines derartig massiven Kamins ist bei einer anderen Gebäudesituation nicht nötig. Ein Edelstahlrohr lässt sich auch nachträglich beispielsweise an einer Außenwand installieren.

Treppen bauen oder renovieren

Die Erneuerung von vorhandenen Treppen bleibt selten erspart, insbesondere an alten Holztreppen nagt der Zahn der Zeit. Die Bretter knarren und sind stellenweise schon durchgetreten, oft ist eine alte Treppe auch zu steil. Je nach Zustand sind Ausbesserungen nötig oder ist der Austausch maroder Trittflächen unabdingbar. Bei der Gelegenheit kann ein Holz gewählt werden, das zur übrigen Ausstattung passt. Wenn beispielsweise ein Eichenparkett verlegt werden soll, sollten auch die Treppenstufen aus Eiche bestehen. Allerdings sind in diesem Zusammenhang natürlich die Preisunterschiede zu beachten.
Anders als Holztreppen haben Stein- oder Betontreppen eine sehr lange Beständigkeit, zumal die Abnutzung gering ist. Sie können erhalten bleiben, wenn keine größeren Umbauten geplant sind. Allerdings macht eine neue Raumaufteilung in manchen Fällen auch eine neue Anordnung der Treppen nötig. In unserem Beispiel wurde die alte Steintreppe durch eine neue Betontreppe an anderer Stelle ersetzt. Die Lage wich vom Plan ab, zumal die vom Architekt vorgesehene Treppe durch den Seitentrakt führen sollte. Während der Umbauphase musste die Treppenführung im Zuge der Änderungen neu überdacht werden. Statt der großzügig geplanten Stahl-Holz-Konstruktion war nur der Einbau einer verhältnismäßig engen Betontreppe in einer knapp bemessenen Eingangsecke machbar. Ein anderer, günstigerer Treppenstandort war im fortgeschrittenen Baustadium nicht mehr möglich. Hier sei noch einmal darauf hingewiesen, dass beim Umbau eines alten Hauses immer wieder Abweichungen vom ursprünglichen Plan nötig sind, zumal sich stets unerwartete Situationen ergeben. Die Betontreppe in unserem Beispiel wurde im Zuge des Deckenbaus von einem Baufachmann erstellt. Der Treppenbau ist keine einfache Angelegenheit, zumal dafür eine passende Holzschalung gefertigt werden muss. Selbstverständlich erfordert auch der Bau einer Holz- oder Stahltreppe die nötigen Kenntnisse und Fertigkeiten. Bei der Treppenplanung lohnen sich Vergleiche der verschiedenen Baustoffe und die Einholung von Kostenvoranschlägen beziehungsweise Kostenberechnungen anhand der Vorgaben.

Räume neu gestalten, Zwischenwände bauen

Die Raumaufteilung im alten Haus ist im Wesentlichen schon beim Kauf festgelegt, zumal die Lage und Ausrichtung des Gebäudes bestimmte Vorgaben schaffen. So sind die Wohnräume vorzugsweise nach Süden ausgerichtet. Eingangsbereiche, Treppe, WC, Lagerräume und dergleichen liegen normalerweise an der Nordseite. Allerdings können die Vorgaben auch anders sein – etwa wenn es sich um ein Siedlungshaus handelt, das nicht nach architektonischen Richtlinien gebaut, sondern in Se-

Der Wintergarten, der erst später angebaut wurde (ab Seite 100), ermöglichte eine neue Raumaufteilung im Erdgeschoss. Um die Räume zugänglich zu machen, waren auch hier mehrere Durchbrüche nötig.

rie erstellt wurde. Dann sind Änderungen in der Raumaufteilung wünschenswert. Insbesondere sollten die Räume nach der Himmelsrichtung eingeteilt werden. So ist es günstig, die Küche zur Ostseite hin zu verlagern. Das Wohnzimmer sollte tagsüber hell liegen. Schlafräume brauchen weniger Sonne, sie sollten aber eine ruhige Lage haben. Die Raumaufteilung richtet sich natürlich nach den persönlichen Ansprüchen und nach der Nutzung. Wenn das Haus nicht zum Wohnen dient, sondern als Büro eingerichtet wird, kann eine völlig abweichende Aufteilung der Räume erwünscht sein. In diesem Fall lohnt es sich möglicherweise, statt vieler kleiner Zimmer einige große Arbeitsräume zu schaffen. Selbstverständlich dürfen beim Abbruch

Oben: Schwieriger als bei Ziegelwänden oder bei Wänden mit Schnellbausteinen sind Durchbrüche durch Bruchsteinmauerwerk zu bewerkstelligen. Hier muss jeder Stein einzeln aus der Wand gelöst werden.

Rechts: Hier lassen sich manchmal auch keine gewöhnlichen Fensterstürze einsetzen. Vielmehr ist das Betonieren eigener Betonträger nötig. Die Türlaibung wird wieder mit einer Schalung aus Brettern oder Schaldeckeln geschaffen.

von Zwischenwänden keine tragenden Mauern beschädigt werden. Unter Umständen sind aber Mauerdurchbrüche ohne Schwierigkeiten möglich. Zum Abstützen genügen dafür Fensterstürze, die über den Durchbrüchen als Träger dienen. Natürlich sind auch in Wohngebäuden große Räume wünschenswert. Allerdings müssen alle nötigen Einrichtungen wie Küche, Bad, WC und dergleichen ihren nötigen Anteil erhalten. Im Zuge der Raumaufteilung sind auch vorhandene Wasser-, Abwasser- und Stromleitungen zu beachten. Wenn beispielsweise das Bad von einer ursprünglichen Westlage nach Osten versetzt wird, ist es nötig, alle Wasserleitungen zu verändern. Das kann enorme Umstände bereiten.

Rechts: Leichte Trennwände können in Trockenbauweise oder mit schmalen Mauerziegeln erstellt werden.

Unten: Das Verputzen von Ziegelmauerwerk ist in Handarbeit möglich. Große Flächen lassen sich leichter mit einer Verputzmaschine bearbeiten.

Rechts: Das noch bestehende Mauerwerk an der zweiten Giebelseite bekam außen eine dicke Schicht mit Wärmedämmputz. Innen wurde es zusätzlich mit Heraklit-Styropor-Platten gedämmt.

Unten: Der Spitzboden ist nicht als Wohnraum nutzbar. Er wird dennoch ausgebaut. Zum Dämmen des Bodens ist eine Schüttung aus Styroporchips gut geeignet, die kostenlos beim Recyclinghof zu bekommen sind.

Zur Dämmung dienen hier spezielle Styroporelemente. Genauso sind natürlich andere Dämmstoffe einsetzbar.

Neue Anbauten

Die Reihenfolge der Aus- und Umbauten richtet sich nach dem Zustand des alten Hauses, nach den renovierungsbedürftigen Bauelementen und natürlich auch nach neuen Gebäudeteilen, die hinzukommen sollen. Oft lassen sich im Zuge der Renovierung neue Anbauten bewerkstelligen. Das gilt etwa für Gauben oder Zwergenhäuschen, die ein neues Dach möglich macht oder für Fenstertüren, die im Zuge der Fenstererneuerung eingesetzt werden können. Weitere Anbauten wie Balkons oder Wintergärten lassen sich später hinzufügen. Für solche Elemente können aber schon beim Umbau Vorbereitungen getroffen werden. Es ist empfehlenswert, bereits bei den Bauarbeiten die nötigen Halterungen oder Maueranker in die Wände zu setzen. Das erspart später Bohr- oder Stemmarbeiten. Genauso kann beispielsweise schon im Zuge der Bodensanierung das Fundament für einen Wintergarten geschaffen werden. Für Elemente, die das Haus wesentlich verändern, ist ein genehmigter Plan nötig. Wintergärten oder ein überdachter Autostellplatz am Haus sollten al-

Oben: Der Dachausbau ist mit Gipskartonplatten möglich. Sie lassen sich später tapezieren oder nach dem Verspachteln der Fugen mit Wohnraumfarbe streichen.

Unten: In Feuchträumen sind imprägnierte Gipskartonplatten nötig. Das Montieren erfolgt nach dem Zuschnitt mit Spaxschrauben.

so schon in der Planung berücksichtigt und mit aufgenommen werden. Allerdings ist auch eine nachträgliche Tektur möglich, etwa wenn sich während der Umbauten neue Situationen ergeben. Es lohnt sich aber, eine Voranfrage an das zuständige Bauamt zu richten. Andernfalls kann es geschehen, dass die ungenehmigten Anbauten etwa aus Brandschutzgründen wieder entfernt werden müssen. Der nachträgliche Anbau eines Kleingewächshauses, einer Pergola oder eines Holzbalkons ist in der Regel aber ohne genehmigten Plan machbar. Auskunft dazu gibt ebenfalls das Bauamt. Richtlinien für solche Elemente oder auch Grenzabstände und dergleichen sind auch in der Bauordnung des jeweiligen Bundeslandes zu finden.

Solange die Heizung nicht installiert war, versorgte ein alter Ölofen die Räume mit Wärme. So konnte der Ausbau im Winter weitergehen. Hier sind schon die Wände verputzt.

Oben links: Mauerdurchbrüche sind bei Hausumbauten oft zu erledigen. Deshalb wird hier die Schrittfolge detailliert gezeigt. Zunächst ist es nötig, den erwünschten Ausschnitt an der Wand zu markieren. Sogleich kann ein schmaler Schlitz gestemmt werden.

Oben rechts: Nach dem Einfüttern einer dünnen Mörtelschicht lässt sich der Betonsturz in den Schlitz einsetzen. Im Baustoffhandel sind diese Fertigelemente in verschiedenen Längen zu bekommen.

Mitte: Der Schlitz muss nur so tief sein, dass sich der Fenstersturz einsetzen lässt. In der Regel genügt eine Tiefe von etwa 15 cm.

Unten: Natürlich muss der Schlitz exakt waagerecht ausgestemmt sein. Schon jetzt kann mit Hilfe einer Richtlatte der weitere Verlauf des Ausschnitts angezeichnet werden.

Fenster und Außentüren einbauen

Anders als schöne alte Holztüren, die oft nach vielen Jahren noch funktionsfähig und erhaltenswert sind, sehen die Fenster in einem alten Haus bei gründlicher Betrachtung oft nicht mehr sehr gut aus. Auch wenn sie noch dicht sind und gut schließen, ist die Dämmwirkung alter Fenster doch nicht mit der von neuen Isolierglasscheiben vergleichbar und eine Lärmschutzwirkung haben alte Fenster ohnehin nicht. Natürlich ist es schade um schöne alte Winterfenster mit den typischen Fensterkreuzen, die das Gesicht eines Hauses prägen. Mittlerweile sind aber auch neue Fenster wieder

Oben links: Nach dem Einfügen wird der Sturz eingemauert. Falls nötig sind jetzt noch kleine Korrekturen möglich. Nach dem Einmauern kann der Mörtel trocknen.

Oben rechts: Sobald der Mörtel gut ausgehärtet ist, stützt der Fenstersturz das Mauerwerk sicher ab. Jetzt kann der Schlitz für den zweiten Sturz an der Außenseite ausgestemmt werden. Hier wurde bereits eine ganze Steinreihe aus der Wand gestemmt.

Mitte: Der zweite Sturz lässt sich genauso wie der erste Sturz an der Innenseite in den Schlitz einsetzen. Er muss bündig neben dem ersten Sturz zu liegen kommen.

Unten: Jetzt ist nur noch das Einfüttern von Mörtel nötig. Nach dem Austrocknen des Mörtels ist diese Stützkonstruktion schon voll tragfähig.

mit Holzkreuz zu bekommen, sodass sich neue Technik und altes Aussehen durchaus gut kombinieren lassen.

Wo es nicht nötig ist, auf „Alt“ zu machen, können großflächige Fensterscheiben besser geeignet sein. Der Fensteraustausch ist eine günstige Gelegenheit zum Einbau von Fenstertüren. Dazu müssen nur die Laibungen nach unten erweitert werden, die alten Fensterstürze sind oft noch gut genug. Das Ausbrechen der Mauern macht natürlich Mühe und Staub. Dagegen lassen sich neue Fenster ohne Abbrucharbeiten direkt in die vorhandenen Fensterlaibungen einsetzen. Die Anfertigung passender Fenster oder Fenstertüren vom Schrei-

Oben links: Die Überprüfung mit der Wasserwaage zeigt, ob der Einbau richtig gelungen ist. Solange der Mörtel noch frisch ist, sind kleine Korrekturen möglich.

Oben rechts: Hier sollen zwei gleiche Fenstertüren eingebaut werden. Dementsprechend sind zwei Durchbrüche nötig.

Mitte: Bei solchen Arbeiten ist mit Sorgfalt vorzugehen. Keinesfalls dürfen Mauerdurchbrüche ohne diese Abstützung durchgeführt werden.

Unten: Nach dem Trocknen des Mörtels kann der Durchbruch vollendet werden. Dazu ist es nötig, die Steine an der markierten Linie abzustemmen und aus der Wand zu lösen.

ner kann unter Umständen sogar preisgünstiger sein als der Kauf von Billigware im Baumarkt. Der Schreiner kann die Fenster exakt nach Maß anfertigen. Bei Fenstern in Normgrößen sind eventuell Änderungen der Fensterlaibungen nötig. Vor der Absicht zum Austauschen der noch vorhandenen alten Fenster lohnt es sich, zunächst deren Zustand zu überprüfen. Wenn die Erneuerung unvermeidlich ist, sollten Kostenvoranschläge eingeholt werden, für Preisvergleiche kann man auch die Baustoffkataloge der Händler zu Rate ziehen. Neben Holzfenstern können auch Kunststofffenster zum Einsatz kommen, wenn sie zum Haustyp passen.

Oben: Damit sich die Steine sauber aus der Wand lösen lassen, werden sie beiderseits abgestemmt. Bei Ziegelwänden kann auch ein Winkelschleifer zum Einsatz kommen.

Unten: Zum Einputzen der Laibungen sind ausreichend lange Bretter nötig. Zum Befestigen dienen Schraubzwingen.

Oben: Auf diese recht einfache Weise sind mit geringem Zeit- und Kraftaufwand neue Türen oder Fenster zu bewerkstelligen. Die Stürze fangen den Druck des Mauerwerks sicher ab.

Unten: Nach dem Einrichten der Schalung kann das Verputzen mit Mörtel beginnen. Unter Umständen muss der Mörtel in mehreren Lagen aufgetragen werden.

S. 84: Mittlerweile wurden auch die Stürze oben sauber eingeputzt. Jetzt konnte schon der Schreiner kommen, um zur Anfertigung der Fenstertüren Maß zu nehmen.

Oben: Die großen Durchbrüche an der Südseite machen sich sofort bemerkbar. Der vormals düstere Raum ist jetzt angenehm mit Tageslicht durchflutet.

Mitte: Die Öffnung des Gebäudes zum Garten hat natürlich auch einen praktischen Nutzen. Die Fenstertüren machen kurze Wege ins Freie möglich.

Links unten: Später wurde der neu entstandene Hofraum noch großflächig mit Pflastersteinen befestigt. Die Fenstertüren machen diesen Platz ohne Umwege zugänglich. Die Durchbrüche und der Einbau der Fenstertüren sind auf den Seiten 80 bis 82 noch näher beschrieben.

Rechts unten: Die laute Straßenseite verschwindet hinter einer dämmenden Mauer, die gerade verputzt wird. Die großen Schaufenster wurden durch zwei kleine Fenster mit Isolierverglasung ersetzt.

Elektro-, Wasser- und Heizungsinstallation durch Fachfirmen

Obwohl die Installation von Elektroleitungen im Eigenbau möglich ist, muss ein autorisierter Fachmann für deren Sicherheit bürgen. Die Einrichtung neuer Sicherungskästen ist ohnehin nur einer berechtigten Fachkraft erlaubt. Wer keine Übung im Umgang mit Elektroinstallationen hat und auch keinen Fachmann kennt, der die Einrichtung günstig erledigt, lässt besser die Finger davon und beauftragt eine Firma. Das kann vorzugsweise ein ortsansässiger Elektrobetrieb sein, der auch während der Bauphase für den Elektroanschluss sorgt und später, wenn Probleme auftauchen, stets erreichbar ist.

Die Kosten für die Einrichtung der elektrischen Leitungen lassen sich verringern, wenn beispielsweise die Schlitze in den Mauern selbst ausgestemmt und weitere Vorbereitungen in Eigenleistung erledigt werden. Zunächst ist aber ein Plan nötig. In alten Häusern jüngeren Baudatums sind eventuell die vorhandenen Elektroleitungen und Anschlüsse noch funktionsfähig. Dagegen bleibt beim Abriss und Umbau maroder Wände die völlige Neueinrichtung der elektrischen Leitungen nicht erspart. Während die Elektrokabel in den Wänden liegen und auch für die Steckdosen und Sicherungskästen Ausstemmungen nötig sind, lassen sich die Heizungs- und Trinkwasserrohre am Boden verlegen. Sie verschwinden später unter dem Estrich oder in der Fußbodendämmung. Bewährt haben sich Kunststoffrohre, die sich im Eigenbau installieren lassen. Aber auch für die Wasser- und Heizungseinrichtung ist eine autorisierte Fachfirma nötig, zumal die Anschlüsse Fachkenntnis erfordern. Auch hierbei sind Kosteneinsparungen durch Mithilfe bei Mauerdurchbrüchen und anderen Vorbereitungen möglich. Auf jeden Fall sollten Fachleute schon beim Hauserwerb oder vor der Bauabsicht befragt werden. Sie können den Zustand der vorhandenen Leitungen, Verteiler und dergleichen beurteilen und die Kosten der Modernisierung abschätzen. Beim Ortstermin sollte auch der Bauleiter oder Architekt dabei sein.

Die elektrischen Leitungen in den Büroräumen wurden noch selbst beziehungsweise vom Baufachmann verlegt. Die Elektroinstallation im Hauptgebäude und die Einrichtung der Sicherungskästen erledigte ein ortsansässiger Elektriker-Meister.

Innenputz in Auftrag geben (oder Verkleidung in Leichtbauweise durchführen)

Bis endlich der Innenputz oder die Wandverkleidung mit Gipskartonplatten an der Reihe ist, müssen viele Arbeiten erledigt werden. Für das Auftragen einer dünnen glatten Mörtelschicht auf neuen Wänden ist Übung in der Handhabung von Kelle und Abziehbrett nötig. Besonders bei der Sanierung alter Bruchsteinmauern ist diese Arbeit eine Aufgabe für einen Maurer, zumal sehr viel Mörtel zum Ausgleichen gebraucht wird. Bei erheblichen Unebenheiten sind zwei Putzschichten nötig. Zunächst kommt eine Schicht Sanierputz auf die vorbereiteten Wände. Nach der Trocknung wird eine zweite Lage mit gewöhnlichem Putz aufgetragen. Einfacher lassen sich neue Wände verputzen, denn hier genügt eine dünne Schicht.

Beim Verputzen großflächiger Wände oder vieler Räume in einem Haus lohnt sich der Einsatz einer Putzmaschine. Der Maschinenputz ist aber einem eingespielten Maurerteam vorbehalten, das den Umgang mit diesem Spezialgerät beherrscht. Vorher müssen die Kantenleisten aus Metall gesetzt werden, die zur Verstärkung der Wandecken dienen. Zudem ist es nötig, die Fenster abzudecken, da die Putzmaschine sonst hartnäckige Spritzer auf den Fensterscheiben oder Holzrahmen hinterlässt. Der Maschinenputz wird pro Quadratmeter berechnet. Es lohnt sich auch hier, vor der Auftragsvergabe Kostenvoranschläge einzuholen oder die Preise verschiedener Baufirmen zu vergleichen.

Einfacher ist die Wandverkleidung mit Gipskartonplatten oder mit Profilbrettern zu bewerkstelligen. Sie kann im Eigenbau geschehen. Dafür müssen zunächst Lagerhölzer montiert werden. Auf diesem Holzlattenskelett ist dann die Montage der Platten oder Bretter einfach mit Spaxschrauben möglich. Die Latten müssen natürlich genau eingerichtet sein, damit die Platten exakt und bündig aufliegen. Für den Badausbau gibt es spezielle Gipskartonplatten, die feuchtigkeitsabweisend sind. Unter dem Dach bieten sich die Dachsparren zur Befestigung an. Bei der Gelegenheit ist die Dachdämmung mit Styropor, Steinwollmatten oder

Die Einrichtung der Gasheizung und der gesamten Heizungsanlage war Angelegenheit einer Fachfirma. Der recht kompakte Brenner und Heizwasserkessel hat in einem kleinen Raum Platz.

anderen Materialien zwischen den Balken möglich. Statt auf Lagerhölzer lassen sich Gipskartonplatten auch direkt auf die Wände kleben. Dazu wird ein spezieller Mörtel benutzt, der punktweise auf dem Mauerwerk oder auf den Platten verteilt wird.

Oben links: Nach dem Umbau des Ladenraums in ein Büro und der Sanierung des Dachgeschosses kam das dritte Gebäudeteil an die Reihe. Die alten Sanitäreinrichtungen waren nicht mehr zu gebrauchen.

Oben rechts: Die Feuchtigkeit hatte dem Putz schon zugesetzt. Er musste bis zum Mauerwerk abgemeißelt werden.

Unten: Das alte Haus war damals auf den gewachsenen Erdboden gesetzt worden. Der Badboden hatte nur eine dünne Estrichschicht. In diesem Gebäudeteil war eine tiefgründige Bodenerneuerung mit Drainage und massivem Betonunterbau nötig.

Estrich in Auftrag geben (oder Trockenestrich in Eigenregie)

Der Estrich kommt beim Hausbau in der Schlussphase an die Reihe. Dieser Betonbelag kann auch beim Umbau eines alten Hauses nötig sein, wenn die alten Fußböden herausgerissen wurden. Der Estrich braucht einen tragfähigen Unterbau. Dazu dient eine massive Betonplatte, die unter dem alten Holzboden eventuell schon vorhanden ist. Falls nötig, muss der Unterbau erst geschaffen werden. In unserem Beispiel geschah dies in Verbindung mit der Drainage des Bodens. Das alte Haus hatte stellenweise keinen Unterbau. Es wurde direkt auf den gewachsenen Erdboden gesetzt. Dadurch konnte die Bodenfeuchtigkeit im Mauerwerk aufsteigen. Das musste durch das Ausschachten der Erde verhindert werden. Dazu war es nötig, den Erdboden auszukoffern und durch Drainagekies zu ersetzen. Erst nach dieser tief greifenden Sanierung konnte eine Bodenplatte aus Beton geschaffen werden. Nach dem Austrocknen während der Bauphase kam dann der Estrich an die Reihe. Diese feine Betonschicht aus Flusssand und Zement liegt nicht direkt auf dem Betonfundament. Vor dem Estrichlegen wird eine PE-Folie ausgebreitet,

Der Estrich (das Wort könnte vielleicht von „Erdstrich" stammen, zumal der Beton sozusagen auf den Boden gestrichen wird ?) ist wiederum Sache eines Fachmanns. Der Beton wird in der Mörtelmaschine gemischt.

die als Feuchtigkeitssperre dient. Darauf kommt dann eine Lage aus Styroporplatten, die eine Dämmung bewirkt. Erst nach dem Einrichten dieser Baustoffe wird der Estrichbeton verteilt. Während dem Estrichlegen lassen sich verzinkte Stahlmatten auf der ganzen Fläche ausbreiten und in den frischen Beton drücken. Sie dienen als Bewehrung und verhindern Risse im Beton. Nach dem Austrocknen ist der Estrich die Basis für die erwünschten Bodenbeläge. Auf den Estrichbeton lassen sich direkt Fliesen, Teppiche, Kunststoffböden, Parketthölzer oder andere Beläge aufbringen. Gründliche Estricharbeiten erleichtern das Bodenlegen wesentlich. Insbesondere muss diese feine Betonschicht glatt und exakt waagerecht sein. Nur in den Bädern kann ein Gefälle jeweils zum Gully hin eingerichtet werden.

Bodenbeläge und Deckenverkleidung schaffen

In unserem Haus standen verschiedene Fußbodenvorbereitungen an, bevor Böden verlegt werden konnten. So war es in einem Gebäudeteil nötig, die morschen Bretterböden herauszureißen. Bei der Gelegenheit wurde der gesamte Boden in diesem Gebäudeteil ausgeschachtet, weil hier nur ein dünner Unterbau aus Magerbeton vorhanden war. Dieser wurde nach einer gründlichen Drainage mit Rollkies durch ein massives Betonfundament ersetzt. Erst später, nachdem auch der angrenzende Gebäudeteil saniert war, konnte der Estrich aufgebracht werden. Die Räume bekamen dann unterschiedliche Bodenbeläge: Zum Teil

Die dünne Estrichschicht erhielt eine dicke Dämmung aus Styropor. Zum Estrichlegen musste alles gut vorbereitet sein. Die Styroporplatten wurden noch mit einer PE-Folie vor dem feuchten Beton geschützt.

Rechts: Der weitere Innenausbau erfolgte dann wieder in Eigenregie. Die Fliesenauswahl ist natürlich Geschmackssache und eine Frage des Preises.

Unten: Der Steinzeugboden im Büroraum konnte erhalten bleiben. Er wurde nur aus Gründen der Dämmung zunächst mit Dachpappe abgedeckt. Darauf konnten die Holzlatten montiert werden.

wurde ein Stäbchenparkett verlegt, im Hauseingang und im Bad fiel die Entscheidung für Fliesen. Der Boden im Seitentrakt war noch in gutem Zustand, sodass hier die Steinzeugfliesen erhalten bleiben konnten. Allerdings war ein neuer Belag erwünscht, da der kalte Steinboden keine ausreichende Dämmung hatte.

Zur Vorsorge gegen die aufsteigende Bodenfeuchtigkeit wurde eine Teerpappe auf der gesamten Fläche ausgebreitet. Darauf konnten die Lagerhölzer montiert werden, die für die Dämmung mit aufgeblähtem Gesteinsgranulat nötig waren. Zur Abdeckung der Dämmung dienten Spanplatten, die mit Schrauben auf die Lagerhölzer montiert wurden. Dieser Unterbau war eine solide Basis für das Stäbchenparkett. Im Zuge der Bodendämmung im Seitentrakt konnten hier auch die Heizungsrohre verlegt werden. Während der Bauphase im übrigen Haus war es möglich, den renovierten Seitenanbau als Wohn- und Arbeitsraum zu nutzen. Der Ausbau der dritten Bodenfläche im Haus – also das Estrichlegen im ersten Stockwerk – ging auf der neu eingezogenen Betondecke recht flott voran. Hier wurden später auf Wunsch der Bewohner einfache Kunststoffböden verlegt. Nur das Bad bekam einen Fliesenboden.

Vor dem Festschrauben der Spanplatten wurden die Zwischenräume mit losem Dämmmaterial vollfüllt. Der fertige Unterbau diente später als Basis für das Industrieparkett.

Das Parkettlegen wurde von einer Fachfirma übernommen. Bei einem Preis von 75 DM pro Quadratmeter konnten auch der Wintergarten und die Wohnräume im Erdgeschoss mit diesem massiven Belag ausgestattet werden.

Oben: Die hohen Ladenräume machten die Einrichtung einer Holzdecke möglich. Das ersparte die Sanierung des dünnen, brüchigen Deckenputzes.

Mitte: Die Lagerhölzer wurden sicher in den Deckenbalken verankert. Die Montage einer Holzdecke ist für geübte Handwerker kein Problem.

Unten: Schon beim Befestigen der Bretter lässt sich eine Halogenbeleuchtung in eine Holzdecke integrieren. Der Trafo wurde hier im Dachboden untergebracht.

Malerarbeiten

Es heißt oft, dass nach dem Innenputz der meiste Dreck am Bau verschwunden sei. Das stimmt zwar im Wesentlichen, da keine sehr staubigen Arbeiten mehr zu erwarten sind, aber ganz sauber ist die Baustelle erst nach dem Ausweißen der Räume. Hier ist wieder Eigenleistung möglich. Zum Weißen oder zum Streichen in anderen Farben eignen sich vorzugsweise mineralische Produkte. Solche Silikatfarben versiegeln das Mauerwerk nicht, Dispersionsfarben hingegen hinterlassen einen dünnen Kunststofffilm auf der Wand. Nach der Behandlung mit Dispersionsfarben können keine Silikatfarben mehr aufgetragen werden.

Weniger mühsam als das Streichen der Wände selbst ist das gründliche Abdecken von Fenstern, Holzdecken und Fußböden. Das sollte sorgfältig geschehen, zumal sonst die Nachreinigung nicht erspart bleibt. Zum Weißen der Wände haben sich Lammfellroller bewährt. Damit lässt sich die Farbe gleichmäßig auftragen. Die Ecken und Kanten werden vor der flächigen Behandlung mit einem speziellen Pinsel vorgestrichen. Falls möglich sollten die Malerarbeiten schon vor dem Bodenlegen und dem Einbau von Holzdecken erledigt werden, dann bleibt das aufwändige Abdecken mit Folie und Krepppapier erspart. Hier sind Heimwerker mal wieder im Vorteil. Sie können sich die Arbeiten selbst einteilen und sind anders als Firmen nicht auf einen strengen Zeitplan angewiesen.

In diesem Zustand war das Schlimmste schon überstanden und das Geld längst verbraucht. Das Ausweißen der Räume lohnt sich in Eigenregie und erspart die Kosten für den Maler.

Einrichtung und Möbelbau

Der Innenausbau des alten Hauses richtet sich nach der Nutzung. Wenn das Haus nach der Renovierung zum Wohnen dienen soll, sind unter Umständen die vorhandenen Möbel noch gut genug. Das gilt eventuell auch bei einer Nutzung als Büro oder bei einer Kombination als Wohnbüro. Selbstverständlich wird die spätere Nutzung schon während der Umbauphase beachtet. Dann lassen sich bereits im Zuge der Renovierung passende Einbaumöbel planen und konstruieren. Allerdings sollten Nutzungsänderungen vorbehalten bleiben. In diesem Sinn empfiehlt es sich, statt ungewöhnlicher Materialien und Baustoffe hochwertige, aber einfache Produkte zu wählen. So haben sich beispielsweise in den Bädern weiße Fliesen bewährt, die zeitlos und auch nach Jahren noch modern sind. Die Einrichtung ist natürlich auch eine Preisfrage. Besonders nach einem aufwändigen Umbau ist oft nicht mehr viel Geld für den Möbelkauf übrig, in diesem Fall hilft die Eigenleistung beim Kostensparen. So lassen sich Regale eventuell aus Restbrettern konstruieren. Wer keinen Wert auf einen teuren Wohnstil legt, sondern lieber eine funktionelle Einrichtung haben möchte, ist mit Möbelbausätzen gut bedient. Der Innenausbau kann aber auch in Etappen erfolgen. Zunächst genügen dann noch die alten, vorhandenen Möbel. Sie lassen sich später, wenn wieder ein größeres Budget vorhanden ist, durch neue Produkte ersetzen.

Außengestaltung

Der Verputz des renovierten alten Hauses kommt ganz zum Schluss der Renovierungen an die Reihe. Der Außenputz sollte ein Dämmputz sein. Dieser Spezialmörtel enthält Styroporkugeln, die bei der Herstellung beigemengt werden. Für eine gute Dämmwirkung ist eine ausreichend dicke Putzschicht nötig, das Auftragen geschieht vorzugsweise mit einer Verputzmaschine. Damit lässt sich die Mörtelmasse gleichmäßig auf die Wände aufspritzen. Das Verteilen ist dann in Handarbeit mit Abziehbrettern möglich. Damit ein haltbarer Verputz zu Stande kommt, ist das Auftragen mehrerer Schichten nötig. Das Verputzen der Außenwände ist normalerweise eine Aufgabe für professionelle Maurer. Sie sorgen auch für das Baugerüst, das für hohe Wände gebraucht wird und dann anschließend beim Streichen der Wände nützlich ist. Unter Umständen sind kleine Wandflächen für geübte Heimwerker aber auch in Eigenregie zu schaffen. Vor den Arbeiten müssen die Fenster und Türen mit Folie abgedeckt werden.

Einfacher als ein Anstrich ist die Außenverkleidung der Fassade aus Holz oder anderen Fertigteilen. Solche Schalwände müssen optisch zum Gebäude passen. Natürlich sind auch Kombinationen beider Techniken möglich, sehr schön sehen beispielsweise Gebäude aus, die teilweise verputzt sind und stellenweise Holzverkleidungen haben. Zum Befestigen von Brettern sind Lagerhölzer nötig. Diese Kanthölzer vom Sägewerk müssen in den richtigen Abständen passend an der Wand montiert werden. Zu empfehlen sind Zwischenräume, die das Einsetzen von Dämmplatten ermöglichen, das erspart den Zuschnitt der Platten. Die Verkleidung von Außenwänden mit Dämmplatten und Brettern hat sich als sehr wirksamer Wetterschutz bewährt. Sie ist im Eigenbau machbar und recht kostengünstig. Diese Art der Wandgestaltung lohnt sich besonders bei Altbauten mit marodem Außenputz, zumal der Putz nicht abgeschlagen werden muss. Es genügt, die brüchigen Stellen zu entfernen.

Oben: Nach dem Abstemmen des alten Putzes kommt das noch gesunde Bruchsteinmauerwerk zu Tage. Die Nebengebäude waren in diesem Zustand schon mit Holz verkleidet.

Unten: Bevor die Putzmaschine zum Einsatz kommt, müssen alle Ausbesserungsarbeiten schon erledigt sein. Hier wurden schadhafte Stellen an der hinteren Giebelseite mit Mörtel geflickt.

Ein stabiles Baugerüst erleichtert alle Arbeiten am Haus ganz wesentlich. Außerdem gibt es die nötige Sicherheit. Dieses Stahlgerüst wurde von der ortsansässigen Baufirma zur Verfügung gestellt.

Erst als der Außenputz kurz bevorstand, fiel hier die Entscheidung für eine zusätzliche Außendämmung der hinteren Giebelwand mit Schaumstoffplatten. Darauf kam dann der Dämmputz.

Links: Die Lattung für die Bretterschalung muss bündig montiert sein. Falls nötig werden Unebenheiten durch das Unterlegen von Holzkeilen ausgeglichen. Die Zwischenräume wurden hier den Styroporplatten angepasst.

Rechts: Eine Boden-Deckel-Schalung macht den Einsatz gewöhnlicher Better möglich, die weniger kosten als Profilbretter. Die dicken Bretter haben auch eine gute Dämmwirkung.

Unten: Die Holzverschalung bietet sich besonders bei schadhaftem Putz an. Sie erspart das Abstemmen und Ausbessern. Die Montage ist jederzeit auch an kalten Tagen im Winter möglich.

Einen Wintergarten bauen

Ursprünglich war im Entwurf des Architekten kein Wintergarten vorgesehen. Zunächst sollte ein Balkonanbau genügen. Während der Umbauarbeiten stellte sich aber heraus, dass durch die Vergrößerung des Balkons und die Verglasung der Zwischenräume im Erdgeschoss noch ein wertvoller Wohnraum zu gewinnen war. So entstand zunächst auf einer Skizze ein Gebäude, das die Funktion eines Wintergartens und zugleich einer recht großzügigen Dachterrasse bekam. Der geschlossene Raum im Erdgeschoss konnte nun zudem als Brücke zwischen den beiden Hausflügeln dienen. Nach einer Bauvoranfrage beim zuständigen Bauamt stand der Planung und dem Ausbau nichts mehr im Weg. Die Kosten hielten sich in Grenzen, zumal der Aufbau in Eigenregie und mit einfachen Mitteln möglich war. So genügte für das

Hier sei noch darauf hingewiesen, dass im Zuge der Dacherneuerung neue Regenrinnen aus Titanzink montiert wurden. Solche Klappen oder Schlauchanschlüsse machen die Regennutzung möglich. Die Fallrohre mussten während der Außendämmung abgenommen und in ausreichendem Abstand befestigt werden.

Flachdach eine Holzbalkendecke, die mit einer gewöhnlichen Teichfolie abgedichtet wurde. Den nötigen Schutz verleiht ein Klinkerbelag, der auf einer Teichvliesmatte liegt. Statt einer solch einfachen Dachdichtung kann natürlich eine professionelle Isolierung erfolgen. Dazu dient eine spezielle Kunststoffmatte, die in der passenden Größe bei einer Dachdeckerfirma zu bekommen ist. Diese schwere Gummimatte hat eine Haltbarkeit von mehr als 20 Jahren. Aber auch an der Teichfolie in unserem Beispiel sind nach fast 10 Jahren keine Mängel erkennbar. Nötig ist ein geringes Gefälle, damit das Regenwasser zügig ablaufen kann. Den raschen Wasserabzug ermöglicht eine Dachrinne, die richtig bemessen und installiert sein muss. Während der Ausbau der Dachterrasse in Eigenbau machbar ist, sollte die Einglasung von Fachleuten erfolgen. Der Glaser liefert die Fenster auf Bestellung in der passenden Größe, wodurch beliebige Fensterlaibungen möglich sind.

Oben: Hier wurden bereits eine Bodenplatte aus Beton geschaffen und ein kleiner Mauersockel für die Fensterfront gebaut. Rechts ist ein Mauerdurchbruch ins Büro zu sehen. Die beiden Fenster kamen später an die Reihe.

Rechts: Eine Holzkonstruktion muss ausreichend belastbar sein. Die Balken, die als Auflager dienen, wurden hier mit schweren Ankerdübeln am Mauerwerk befestigt.

Oben: Für den Aufbau waren Leimholzbalken nötig. Solche Balken bleiben in Form und verdrehen sich nicht. Gewöhnliche Balken sind als Fensterlaibungen ungeeignet.

Mitte: Der mit Styropor gedämmte, doppelte Bretterboden bekam eine Dachhaut aus Teichfolie, darauf kam eine Teichvliesmatte. Dann erst wurden die Pflasterklinker verlegt. Der detaillierte Aufbau ist im Taschenbuch „Selbst Wintergärten und Glashäuser bauen" (Compact Verlag München) zu sehen.

Unten: Auf diesem Foto ist der Wintergarten mit Dachterrasse bereits fertiggestellt. Im Winterhalbjahr, wenn die Sonne tief steht, sind die großen Fensterflächen wertvoll.

Die sonnige Südterrasse ist oben durch eine Fenstertüre zugänglich. Für das Geländer wurden gewöhnliche Dachlatten gehobelt und an Kanthölzern festgeschraubt.

Gartenanlage und Pflasterarbeiten

Verwilderten Garten verjüngen

Der Hausumbau bietet sich dazu an, eine ursprünglich richtig gestaltete, aber im Laufe der Zeit vernachlässigte Gartenanlage neu zu ordnen und wieder herzurichten. Dazu ist zunächst eine Bestandsaufnahme nötig. So sollten Bäume und Sträucher erhalten bleiben, die noch vital sind und weiterhin in den Garten passen. Wer dabei unsicher ist, lädt am besten eine Fachperson ein, die erhaltenswerte und weniger wertvolle Pflanzen unterscheiden und hinsichtlich ihrer Gesundheit beurteilen kann. Es wäre schade, wenn seltene Gehölze willkürlich der Säge zum Opfer fallen, weil sie nicht erkannt werden. Es kommt übrigens immer wieder vor, dass etwa Lärchen oder Urweltbäume (Metasequoia) gefällt werden, weil sie im Winter keine Nadeln haben und abgestorben wirken. Alte Bäume sind eine Wertanlage. Die Gestehungskosten für eine 20 Jahre alte Linde belaufen sich beispielsweise auf circa 20 000 DM. Sie schaden sich also selbst, wenn Sie gesunde Bäume und Sträucher roden. Natürlich lässt sich das Auslichten und Entfernen einiger Gehölze zu Gunsten anderer erhaltenswerter nicht ganz vermeiden. Das Aussortieren sollte sich aber auf kranke und unschöne Exemplare beschränken. Bei anderen genügt es, störende Äste in Bodennähe zu entfernen, sodass wieder eine Unterpflanzung mit Stauden möglich wird. Solche Aktionen geschehen vorzugsweise im Winterhalbjahr. Im Sommer sind Fällarbeiten nicht erlaubt, zumal brütende Vögel gestört oder Nester vernichtet werden könnten. In der Saftruhe, also etwa von September bis zum Spätwinter, sind auch Umpflanzungen möglich. In dieser Zeit lassen sich störende Bäume und Sträucher mit Wurzelballen ausgraben und an einen anderen Ort setzen.

Das Umpflanzen lohnt sich aber nur, wenn die Gehölze noch nicht zu lange angewachsen sind. Sobald sie länger als etwa 5-6 Jahre am Ort stehen, sind die Anwachschancen gering. Sie unterscheiden sich jedoch auch abhängig von der Gehölzart. Pflanzen, die Faserwurzeln entwickeln (zum Bei-

Als Arbeitsfläche und Zugang zum Nebengebäude war eine Pflasterfläche vorgesehen. Dazu musste zunächst der Mutterboden abgetragen werden.

spiel Rhododendren, Eiben oder Buchsbäumchen) lassen sich recht erfolgreich umpflanzen. Solche mit wenigen Pfahlwurzeln wie Kiefern, Nussbäume oder Magnolien vertragen das Ausgraben und Umsetzen schlecht.
Auch bei Rosen, Sommerflieder und anderen Blütensträuchern wachsen Jungpflanzen schneller an als alte umgesetzte Exemplare. Insbesondere Edelrosen entwickeln nur wenige, kräftige Wurzeln, die beim Ausgraben älterer Pflanzen enorme Schäden erleiden. Alte erhaltenswerte Sorten bleiben besser am Standort stehen. Sie lassen sich aber auch durch das Veredeln vermehren. Blütenstauden wie Iris, Lupinen, Rittersporn und Margeriten vertragen das Umpflanzen ohne Probleme. Sie sollten sogar gelegentlich geteilt und neu gepflanzt werden - Pfingstrosen und andere langlebige Stauden, die sich immer buschiger entwickeln, natürlich ausgenommen.

Auch bei der Auswahl und Begutachtung der Stauden kann eine Fachkraft hilfreich sein. Wenn Sie bei der Übernahme und Renovierung eines Gartens im Winterhalbjahr unsicher sind, zumal dann der Bestand nicht erkennbar ist, warten Sie besser bis zum Austrieb im Frühjahr oder Sie setzen unbekannte Exemplare einstweilen an einen ungestörten Ort.

Boden verbessern und Abfälle entsorgen

Eine Renovierung und Neuaufnahme von Staudenbeeten erfordert eine gründliche Bodenbearbeitung. Das gilt auch für Sommerblumenrabatten oder für alte Gemüsegärten, die wieder hergerichtet werden. Falls nötig gibt eine Bodenuntersuchung Aufschluss über dessen Zustand. Anhand der Ergebnisse lassen sich dann die nötigen Hilfsstoffe einarbeiten. Allerdings genügt es gewöhnlich, alte verbrauchte Gartengrundstücke mit reichlich Kompost aufzufrischen. Jedenfalls kommt dieses Bodenverbesserungsmittel den Pflanzen zugute, ohne zu schaden. Mit Düngemitteln sollte ansonsten sparsam gewirtschaftet werden.
Bei jeder Renovierung sammeln sich Abfälle an, die zu beseitigen sind. Krautige Pflanzenteile landen auf dem Kompost, holzige Zweige lassen sich nach dem Zerkleinern ebenfalls kompostieren oder sie dienen als Mulchmaterial. Baumstümpfe können zur Gestaltung eingesetzt werden. Alte Teichfolien, Beeteinfassungen aus Kunststoff und dergleichen müssen bei der Wertstoffsammelstelle oder der Restmüllstation entsorgt werden.

Statt der Fichten sollten sich zwei Laubbäume frei entfalten können. Die Robinie am Haus wurde später leider gefällt. Der Ahorn ist noch erhalten. Neben der strengen Pflasterfläche war Platz für ein Biotop.

Teichbau

Der Teichbau mit Folie ist die einfachste und effektivste Art der Teichgestaltung. Im Gegensatz dazu sind Hartkunststoffbecken teuer und schwierig im Einsatz, zudem geben sie strenge Formen vor. Ein Folienteich lässt sich je nach Garten in den verschiedensten Formen und Größen anlegen, da die Folie auf Bestellung beliebig groß geliefert werden kann und ihre Elastizität viele verschiedene Formen ermöglicht. Wird eine Folie richtig verlegt und geschützt, ist sie ebenso haltbar und stabil wie Polyester.

Eine 1mm dicke PE-Teichfolie ist ideal. Sie hat die nötige Reißfestigkeit und ist dennoch sehr elastisch (Preis pro qm etwa 10 DM). Qualitätsware mit Gütesiegel und Haltbarkeitsgarantie ist in jedem Fall zu empfehlen. Vor allem sollte die Folie am Stück gekauft werden, da eigene Schweißnähte stets Schwachstellen sind.

Außer der Folie sind ein Teichvlies und Kies nötig. Auf dem weißen Acrylgewebe des Vlieses liegt die Folie weich und ist vor spitzen Steinen geschützt. Es wird vor allem dort verlegt, wo der Sand nicht liegen bleibt, wie etwa an den steileren Randzonen. Der Sand zum Auspolstern und der Kies zum Kaschieren der Folie wird auf Bestellung geliefert (siehe Branchenbuch: Sand und Kies).

Für die Planung eines Teiches gibt es keine strengen Regeln, aber gewisse Richtlinien haben sich bewährt. So sollte eine Tiefwasserzone von mindestens 80 cm Tiefe und einigen Metern Breite eingerichtet werden, die auch bei strengem Frost eisfrei bleibt und den Tieren im Teich das Abtauchen ermöglicht. Eine einfache, großzügige Gestaltung des Teiches wirkt meistens am besten.

Bei der Bepflanzung sollte man sich auf einzelne Arten, die in Töpfen eingesetzt werden, beschränken, denn die meisten Arten sind Wucherer und bedecken nach einigen Jahren mitunter die gesamte Wasserfläche. Eine Seerose im Tiefwasser und einige Wasserschwertlilien, Froschlöffel und Sumpfdotterblumen in den flachen Zonen sowie frei schwimmende Krebsscheren genügen.

Der Teichbau beginnt mit dem Erdaushub. Wer sich die mühevolle Arbeit erleichtern will, kann den groben Aushub mit einem Minibagger erledigen (gibt es bei Leihfirmen). Dazu wird das gewünschte Teichbett etwa mit Sand markiert oder mit Pflöcken abgesteckt und den Vorstellungen entsprechend ausgebaggert oder ausgegraben. Die Aushuberde lässt sich gut zum Modellieren eines Bachlaufs am Teich gebrauchen oder wenn kein Hügel gewünscht wird, andernorts im Garten nut-

Mit einem Minibagger geht der Erdaushub rasch voran. Allerdings erfordert die Handhabung dieser Maschine durchaus Übung. Hier wurde der Teich schon nach der Hausübernahme von Gärtnerkollegen angelegt.

Oben: Auf dem sandigen Boden war der Erdaushub leicht zu erledigen. Die Form lässt sich nach dem Maschineneinsatz noch mit dem Spaten nachbessern.

Mitte: Sand dient als billiges und wirksames Dämmmaterial. Darauf liegt die Folie gut gepolstert auf. Stellenweise kann noch Teichvlies zum Einsatz kommen.

Unten: Das Sandbett macht auch die Nachgestaltung von Buchten und Terrassen leicht möglich. Die Teichform richtet sich nach dem verfügbaren Gelände.

zen. Das grob geformte Teichbett wird dann mit dem Spaten nachgeformt, sodass flache Terrassen entstehen. Falls nötig werden Wurzeln ausgegraben und spitze Steine entfernt. In das fertige Teichbett kommt nun die Sandschüttung und stellenweise – besonders an den steilen Lagen – das Teichvlies. Erst jetzt kann die Teichfolie ausgebreitet werden. Das gelingt am besten mit einigen Helfern, zumal das große Kunststoffstück ziemlich schwer ist. Dabei sind selbstverständlich Beschädigungen zu vermeiden. Die Folie muss rundherum an allen Stellen überstehen, denn der Wasserdruck presst sie beim Fluten ins Teichbett und zieht die Ränder nach unten. Zunächst kommt die Seerose an ihren Platz. Dann beginnt man mit dem Ausbreiten der Kiesel und zwar von innen nach außen und lässt zugleich das Wasser einlaufen. So nimmt der Wassergarten langsam Gestalt an. Sobald der Teich voll ist und an der tiefsten Uferstelle überläuft, wird die Folie hier unterfüllt; jedoch nur, wenn der Wasserstand an anderen Stellen noch zu niedrig ist. Jetzt kann man schon die großen, störenden Folienstücke – insbesondere an den Ecken – abschneiden und den Teich rundherum vollenden. Die Folie muss als Saugsperre wirken, das heißt, die umliegende Erde muss streng vom Wasser getrennt sein. Dazu stellt man den Folienrand rumdherum auf und schüttet innen und außen Kiesel an. Zugleich wird die Folie bündig zur Wasseroberfläche abgeschnitten, sodass nichts mehr davon zu sehen ist. Abschließend werden noch die Uferpflanzen eingesetzt beziehungsweise rundherum an den Teich gepflanzt. Nach getaner Arbeit ist das Wasser

Oben: Die Entsorgung alter Teppiche kann auf diese Art geschehen. Das gute Stück polstert die Folie zusätzlich ab.

Mitte: Das spezielle Teichvlies wird nur an den Rändern verwendet, wo der Sand nicht liegen bleibt.

Unten: Für einen kleinen Bach wurde hier ein schmaler Graben ausgehoben. Die elastische Teichfolie macht eine beliebige Formgebung möglich.

Oben: Der Bachlauf fügte sich schon nach der Gestaltung recht ansehnlich in den Garten ein. Naturnah wirkte die Anlage aber erst nach der Begrünung mit Wildstauden.

Rechts: Auch im Bachbett kam bei diesem Gestaltungsbeispiel der Rollkies zum Einsatz. Die Wurzelstücke stören nicht. Sie tragen vielmehr zur Gestaltung bei.

S 111: Eine derartige Wildnis ist kaum etwas für Freunde geschniegelter Gärten. Für ein kleines Biotop kann aber in jedem Garten ein Platz zu finden sein. Hier stellten sich bald Frösche, Eidechsen, Libellen und andere Tiere ein.

noch trüb, doch schon in wenigen Tagen sinken die Schwebstoffe zu Boden und nichts trübt mehr das klare Wasser.

Wasser ist nicht nur ein Lebenselement, sondern auch eine Gefahrenquelle. Wenn kleine Kinder durch einen Teich gefährdet sind, verzichtet man entweder darauf oder baut ihn später. Andernfalls ist eine wirksame Sicherung etwa mit einem festen, dichten Zaun nötig.

Ein gut und schön gebauter Teich hat keinen technischen Schnickschnack nötig. Wasserspiele und Beleuchtungen sind eher störend als nützlich, insbesondere für Pflanzen und Tiere. Ein funktionierender Teich braucht auch keine Filter zur Klärung. Trübe Teiche werden besser neu gestaltet als mit großem technischem Aufwand gereinigt. Allerdings können ein Sprudelstein, ein Bach oder eine Kaskade durchaus belebend wirken, ohne zu stören, wenn das Wasser nicht direkt auf die Pflanzen plätschert, sondern abseits oder durch ein Nebenbecken in den Teich mündet. Die Pumpe und die Leitungen müssen dann selbstverständlich richtig installiert sein. Das gilt auch dann, wenn auf Licht- und Wasserspiele nicht verzichten werden will. Auf jeden Fall ist beim Kauf eine profunde Beratung nötig, damit die Teile gut zusammenpassen und die Anlage sicher und richtig funktioniert.

Oben: Gewöhnlicher Rollkies hat sich als ideales und billiges Teichbaumaterial bewährt. Nach dem Abdecken mit diesen Natursteinen ist nichts mehr von der Kunststofffolie zu sehen.

Unten: Schon nach der Anlage sieht der kleine Wassergarten recht ansehnlich aus. Noch ist das Wasser nach dem Fluten milchig trüb. Es klärt sich aber in wenigen Tagen.

Pflaster und Platten statt Teer und Beton

Wege und Plätze gehören wie Beete und Rabatten zu jeder Gartenanlage. Es lohnt sich, die Gartenwege und Plätze zu befestigen, damit sie ausdauernd und pflegeleicht und bei jedem Wetter sicher begehbar sind.

Rasenwege, Trittsteige aus Schotter und Rindenpfade haben sicher ihren Reiz und sind auch, wo sie passen, durchaus empfehlenswert. Hauptwege, etwa im Vorgarten, Stellplätze für Autos sowie Terrassen und andere häufig benutzte Wege und Plätze bekommen jedoch besser tragfähige, ebene Trittflächen aus Natur- oder Kunststeinen. Sie sind dann jederzeit begehbar, ohne dass Erde an den Sohlen kleben bleibt und sicher befahrbar, auch wenn der Boden aufgeweicht ist. Zudem sind sie das ganze Jahr ansehnlich und leicht zu pflegen.

Auch Teer und Beton sind dauerhafte feste Beläge. Im Garten sind aber beide Materialien fehl am Platz, weil sie den Boden versiegeln. Außerdem sind Teer- und Betondecken nicht mehr oder nur mit großem Aufwand zu ändern oder zu entfernen, falls sie beim Umgestalten stören. Pflaster und Plattenbeläge ermöglichen dagegen den Wasserabzug und den Gasaustausch – was für den Boden und die Wurzeln sehr wichtig ist – und sie lassen sich jederzeit ändern, weil sie nur auf Sand oder Splitt liegen.

Der Unterbau

Damit Pflaster- und Plattenbeläge gleichermaßen belastbar und ausdauernd sind wie Beton- oder Teerdecken, müssen sie wie andere Gestaltungselemente auch systematisch gebaut werden. Die Basis ist ein tragfähiger Unterbau. Dieser erfordert – sobald der Verlauf und die Lage festgelegt sind – zunächst das Auskoffern des losen lockeren Mutterbodens bis zu einer „gewachsenen“ Schicht aus Lehm, Kalkstein oder Sand, je nach örtlicher Bodenbeschaffenheit. Bei aufgefülltem Gelände muss der Unterboden nach dem Abtragen der Humusschicht verdichtet werden. Auf den tragfähigen

Ein Klinkerpflaster braucht einen tragfähigen Unterbau. Die vorhandene Humusschicht musste hier abgetragen und durch Schotter ersetzt werden. Der Humus war an anderer Stelle nützlich.

Untergrund kommt eine etwa 10 - 20 cm dicke Schotterschicht. Sie gibt dem weiteren Aufbau festen Halt (wie beim Straßenbau) und ist dennoch durchlässig. Damit sich die Schottersteine gut verkeilen, müssen sie gerüttelt werden. Das geschieht am besten mit einer Rüttelplatte, die gegen eine geringe Leihgebühr bei einer Baufirma oder bei einem Baustofftransporteur erhältlich ist, der auch den Schotter, den Sand und eventuell den Belag liefert. Die Materialmenge muss natürlich vorher anhand einer Skizze oder entsprechend der fertig ausgekofferten Fläche berechnet werden. Für die Ladung sollte möglichst nah an der Baustelle ein Lagerplatz vorbereitet sein.

Die Schotterschicht besteht aus kantigen Kalkbruchsteinen. Diese wurden hier per LKW auf die Baustelle geliefert und mit der Schubkarre verteilt.

Die richtige Festigkeit bekommt die Schotterschicht erst nach dem Rütteln. Die Rüttelplatte stellte die ortsansässige Baufirma zur Verfügung.

Einfassungen

Gewöhnlich ist die Pflaster- oder Plattenfläche durch angrenzende Gebäude, ein Zaunfundament oder eine Straße ohnehin eingeschränkt und festgelegt. Wenn nicht, bieten sich Randsteine (zum Beispiel Straßenkantensteine) zur Abgrenzung an, die dem Belag seitlichen Halt geben. Ist eine Einfassung nötig, wird sie vor dem Schottern gebaut. Hierfür gräbt man schmale Streifenfundamente aus und setzt die Kantensteine in Magerbeton. Gartenwege und -plätze brauchen aber in der Regel keine stabile Einfassung. Vielmehr können die Steine nahtlos verlegt sein, sodass sie bündig und ohne Rahmen im Boden oder im Rasen liegen.

Auf Sand gebaut

Granitsteine, Betonsteine, Pflasterklinker und alle anderen Beläge liegen am besten in einem Sandbett. Auf den Unterbau aus Schotter kommt eine etwa 5-10 cm dicke Sand- oder Splittschicht. Sie wird mit dem Rechen grob planiert und dann mit einer Richtlatte (Alubrett mit Wasserwaage) abgezogen. Zur Erleichterung der Arbeit empfiehlt es sich, das Niveau und den Verlauf mit Richtschnüren zu markieren. Bei Wegen und Plätzen am Haus ist auf ein geringes Gefälle vom Haus weg zu achten, das heißt, der Belag muss leicht vom Haus weggeneigt sein, damit das Regenwasser zum Garten abläuft und keine Bauschäden verursacht. Bei einer Hanglage und einem natürlichen Gefälle eines Platzes zum Haus ist eine Drainage nötig. Dazu verlegt man Entwässerungsrohre in den Unterbau und baut in den Belag Gullys ein, durch die das Regenwasser abzieht. Der Belag muss mit geringem Gefälle zu den Gullys verlegt werden.

Oben rechts: An den Fenstertüren wurden schmale Sockel aus Mörtel geschaffen, damit die Pflastersteine richtig fest aufliegen. Die Höhe des Sockels muss an solchen Stellen immer den Pflastersteinen beziehungsweise dem Türrahmen angemessen sein.

Mitte links: Nach den Vorbereitungen, insbesondere nach dem Verteilen des Sand- oder Splittbettes und dem Abziehen der ganzen Fläche, ist das Pflastern selbst eine einfache Angelegenheit. Zum Schutz der noch lockeren Klinker wurden hier Schaldeckel verteilt.

Mitte rechts: Feiner Quarzsand, der mit einem Besen in die Fugen gekehrt wird, festigt die Pflasterverbände. Die richtige Festigkeit bekam das Pflaster erst nach dem Rütteln.

Unten links: Auch an den Türen wurde ein dünnes Sandbett geschaffen. Tragfähiger als Sand ist eine dünne Schicht aus Splitt.

Unten rechts: Die fertige Freifläche war sofort nach der Anlage als Arbeitsraum unter freiem Himmel nutzbar. Die Pflasterfläche macht jederzeit den Zugang vom Haus zum Nebengebäude trockenen Fußes möglich.

Platten legen

Auf dem fertigen Unterbau kann nun nach den nötigen Vorbereitungen wie etwa dem Setzen von Kantensteinen bei Autostellplätzen, dem Ausrichten des Niveaus mit Richtschnüren, dem Einteilen der Fläche mit dem Metermaß und dem Aufteilen der Platten und Steine je nach Ausmaß des Platzes das Pflastern oder Plattenlegen beginnen. Je nach Art des Belags erfordert dies mehr oder weniger Geschick und Arbeit. Am einfachsten sind geradlinige Verbände mit gleichen symmetrischen Steinen zu legen, etwa mit Pflasterklinker, Gehsteigplatten aus Beton oder Betonformsteinen. Mehr Geduld und Können erfordern handbehauene Natursteine, unregelmäßige Natursteinplatten oder Verbände aus verschiedenen Materialien, zumal diese unterschiedlich dick sind und dennoch eine ebene Oberfläche entstehen muss. Wer sich an die künstlerische Gestaltung mit geometrischen Figuren wagt, sollte bereits mit einfachen Belägen Übung haben, zumal die Steine dazu häufig bearbeitet werden müssen. Jedenfalls erfordern jedes Pflaster und jeder Plattenbelag Sorgfalt, damit feste Verbände entstehen, die ja jahrelang halten und vor allem auch bequem zu begehen sein müssen. Dabei ist es wichtig, dass die Steine fest sitzen und bündig sind. Beim Schlurfen mit einer glatten Schuhsohle lässt sich dies leicht feststellen. Durch das Unterfüllen mit Sand oder das Ausgleichen der Sandschicht mit der Richtlatte können Unebenheiten korrigiert werden. Auch beim Rütteln nach der Fertigstellung werden geringe Unebenheiten ausgeglichen, außerdem wird der Belag dadurch noch gefestigt. Seine ideale Festigkeit bekommt der Steinverband erst nach dem Ausfugen mit trockenem Quarzsand, der besonders fein ist und in alle Ritzen rieselt. Bei großen Fugen, etwa bei Granitpflaster, wird der Sand noch mit Wasser eingeschlämmt.

Pflasterklinker, Betonsteine und dergleichen lassen sich gut mit dem Winkelschleifer („Flex“) bearbeiten, um sie beispielsweise an Übergangsstellen zu bestehenden Belägen zurechtzuschneiden. Natursteine wie etwa Pflastersteine aus Granit sind von Hand zu bearbeiten und werden mit dem Hammer passend zugerichtet oder durch kleinere passende Steine ersetzt.

Pflasterklinker lassen sich exakt mit dem Winkelschleifer zuschneiden. Hier wurden nach dem Pflastern der Fläche noch passende Stücke in die Zwischenräume eingefügt.

Materialien

Grundsätzlich sind nur frostbeständige Materialien als Bodenbelag geeignet. Gewöhnliche Ziegel beispielsweise werden mit der Zeit brüchig, weil sie Wasser aufnehmen und der Frost sie sprengt. Für draußen eignen sich nur spezielle Pflasterklinker, die bei besonders hohen Temperaturen gebrannt werden. Auch bei Naturstein gibt es frostempfindliche Arten, so etwa bei Kalkstein, von dem nur ausgewählte frostharte Steine zu empfehlen sind. Der Baustoffhandel bietet neben Pflasterklinker und Naturstein eine Reihe von Industriebaustoffen, insbesondere Betonformsteine an. Diese Steine sind gewöhnlich billiger als Natursteine und lassen sich wegen ihrer Gleichförmigkeit leicht legen. Wo Betonsteine passen, spricht nichts gegen deren Verwendung, zumal es auch recht attraktive gefärbte Arten gibt. Im Übrigen verwittern sie mit der Zeit und passen sich dem Garten an. Natürlich sollten die gewählten Pflastersteine immer dem Stil des alten Hauses entsprechen.

Bei der Planung und Anlage von Wegen sind Trampelpfade sehr nützlich, die während des Jahres entstehen. Es sind die kürzesten Verbindungen durch den Garten etwa von der Haustüre zum Gartentor oder von der Küche zum Kompostplatz. Diese Pfade bieten sich bestens für Wege an, weil sie anders als manche „Reißbrettwege" mit Sicherheit benutzt werden.

Einfache Gartenwege, die nicht unbedingt befahrbar sein müssen, lassen sich auch ohne Schotter-Unterbau nur auf eine dünne Sandschicht oder direkt in den Gartenboden legen.

Während das flächige Verlegen der Steine recht flott vorangeht, braucht das Einschneiden in Lücken seine Zeit. Achten Sie bei diesen Maschinenarbeiten auf Sicherheit und vergessen Sie die nötige Schutzkleidung nicht!

Eigenes Wasser erschließen

Gießwasser ist kostbar. Besonders an heißen Sommertagen, aber auch nach dem Pflanzen, nach der Rasensaat, zur Versorgung von Kübelpflanzen und zum Fluten des Gartenteichs wird ständig Wasser gebraucht. Trinkwasser ist viel zu schade und zu teuer zum Verschwenden, zumal es mit den Kanalgebühren doppelt berechnet wird. Im Übrigen lässt sich eigenes Wasser recht einfach erschließen; bei hohem Grundwasserstand im Garten mittels Brunnen oder – wenn das Brunnengraben aussichtslos ist – mit einem Regenwasserspeicher. Vielleicht ist sogar eine Kombination möglich, dann hat man für die nächste Zukunft wirklich ausgesorgt und kann immer aus dem Vollen schöpfen.

Wenn das Grundwasser im Garten nicht tiefer als etwa 2-3 m liegt und der Boden humos, sandig oder kiesig ist, lohnt sich das Brunnengraben oder -schlagen auf jeden Fall. Bei niedrigerem Grundwasserstand oder auf felsigem Boden ist dies allerdings bedenklich. Der Rammfilter und die Rohre müssen leicht in den Boden zu treiben beziehungsweise müssen die Brunnenringe leicht einzusenken sein.

Wenn der Grundwasserstand nicht bekannt ist, lässt sich immerhin ein unterirdisches Sammelbecken bauen. Dazu wird an einer günstigen Stelle – etwa neben dem Gartenteich oder neben dem Regenfallrohr – eine Grube ausgekoffert; je tiefer und breiter, umso mehr oder größer können die Brunnenringe sein, die eingesenkt werden. Die Ringe vom Baustoffhandel sind 50 cm hoch; es gibt sie mit Innendurchmesser von 100, 120, 150, 200 cm und anderen Größen. Bei Ringen von 200 cm muss die Grube etwa 250 cm breit sein, damit sie sich mit dem Kran einsenken lassen. Wenn man beim Auskoffern der Grube auf Grundwasser stößt, lohnt es sich, etwa 50 cm tief in den Grundwassersee zu graben, damit der unterste Ring im Wasser steht. Gewöhnlich führt solch ein Brunnen stets Wasser, zumal ständig Grundwasser aus der Umgebung nachsickert. In diesem Fall ist es nur noch nötig, die weiteren Ringe auf den untersten Ring zu setzen und den Brunnen mit einem Deckel zu sichern oder einen Brunnenkopf zu bauen.

Wenn das Grundwasser nicht erreicht wird, braucht nur der Boden mit Beton versiegelt zu werden. Dann entsteht statt eines Brunnens eine Zisterne, die gleichermaßen weiter aufgebaut wird. Das nötige Wasser kommt durch eine Zuleitung vom Hausdach. Im Handel sind entsprechende Regensammler für die Fallrohre erhältlich.

In unserem Beispiel ist zwar Grundwasser vorhanden. Es liegt jedoch ziemlich tief. Deshalb fiel die Entscheidung für eine Kombination zwischen Zisterne und Schlagbrunnen. Dazu wurde zunächst die Zisterne gebaut und dann daneben ein Brunnen geschlagen. Dadurch ist der natürliche Grundwassersee erschlossen und zudem ist ein großer Speicher vorhanden, der mit Grundwasser oder mit Regenwasser gefüllt werden kann.

Ein Platz direkt am Teich bot sich hier für den Bau einer großen Zisterne an. Dazu wurde eine angemessene Grube ausgekoffert. Auf diese Weise könnte übrigens auch ein Gartenteich mit einem Badebecken kombiniert werden.

Nachdem sich beim Ausgraben zeigte, dass der Grundwassersee doch tiefer lag als vermutet, wurde ein Schlagbrunnen in den Boden getrieben. Dabei kam ein Bohrhammer zum Einsatz.

Statt eines Brunnens wurden auf diese Weise eine Zisterne und daneben ein Schlagbrunnen gebaut. Beim Ausgraben der Grube kam hier der alte Abwasserkanal zu Tage. Er musste mit Hilfe von Kunststoffrohren umgelenkt werden.

Die Betonringe lassen sich entweder direkt in die Baugrube einsenken oder wie hier auf eine vorbereitete Bodenplatte stellen. Der frische Beton wurde daraufhin glatt abgezogen.

Nach dem Einsetzen der Betonringe mit dem LKW-Kran mussten sie nachträglich noch exakt eingerichtet und mit Erde eingefüttert werden. Zum Hochhebeln kann bei diesen Lastarbeiten ein Wagenheber dienen.

Zum Versiegeln der Betonringe gibt es eine spezielle Dichtungsschlämme. Sie wurde nach dem Anrühren zunächst auf den Boden gegossen. Danach kamen mit Hilfe einer Malerbürste die Seitenwände an die Reihe.

Oben: Eine große Zisterne muss unbedingt eine Abdeckung haben. Dazu wurde hier ein massiver Holzdeckel aus dicken Brettern gefertigt.

Unten: Die Bretter waren vom Hausumbau noch übrig. Die Montage erfolgte sofort nach der Fertigstellung des Wasserspeichers.

Eine Klappe macht die Wasserentnahme möglich. Der große Speicher wird mit einer elektrischen Pumpe aus einem Grundwassersee versorgt.

Später kam noch eine Handschwengelpumpe dazu. Das Wasser floss schon bald nach dem Schlagen des Brunnens völlig klar aus dem Schlauch.

Eine Mauer bauen

Gartenmauern sind fest stehende Gestaltungselemente. Sie müssen richtig geplant und gebaut werden und sicher gründen. In unserem Beispiel konnte der Sockel eines vorhandenen Zauns als Fundament genutzt werden. Die massive Grenzbefestigung war auf Grund der Lage an einer viel befahrenen Bundesstraße wünschenswert.

Mit Ausnahme von Trockenmauern, die ohne Mörtel, sondern mit Erde aufgeschichtet werden, braucht jedes Mauerwerk ein frostsicheres Fundament. Dieses muss etwa 80 cm tief gründen und massiv aus Beton beschaffen sein. Auf diese Mauersohle lässt sich dann jede beliebige Mauer stellen – vorausgesetzt sie bedarf keiner Genehmigung oder es gibt dafür einen genehmigten Plan. Zum Mauerbau eignen sich alle möglichen Steine. So etwa Klinker, Natursteine oder Kalksandsteine, die eine schöne Oberfläche haben und frostsicher sind, sie brauchen also keinen schützenden Verputz. Gewöhnliche Ziegelmauern sind nicht frostsicher. Sie müssen mit Mörtel verputzt werden, weil sonst Wasser eindringen kann und der Frost die Ziegel brüchig macht. Ein Verputz ist ebenso bei Betonsteinmauern günstig, aber weniger zum Schutz, sondern zum Verschönern. Das gilt auch für Betonwände, die aus Fertigteilen zusammengefügt sind oder mit Hilfe einer Schalung gegossen werden. Natürlich lassen sich alle Mauern mit Kletterpflanzen begrünen. Das macht sie weniger wuchtig und bindet sie besser in den Garten ein. Am wertvollsten sind immergrüne Kletterpflanzen wie der Efeu, das immergrüne Geißblatt *(Lonicera henryi)* und der immergrüne Spindelstrauch *(Euonymus fortunei* var. *radicans)*. Die Selbstklimmer unter ihnen brauchen keine Kletterhilfe. Den Schlingern und Rankern, die keine Haftwurzeln treiben, muss in den ersten Jahren hochgeholfen werden. Sobald sie die Mauerkrone erreicht und überwunden haben, halten sie sich aber auch selber fest.

In jeder Siedlung sind andere Baubestimmungen gültig. So kann es sein, dass mancherorts kein Plan für eine Mauer nötig oder der Mauerbau bis zu

einer bestimmten Höhe genehmigungsfrei ist, aber andernorts grundsätzlich nur Zäune zum Ortsbild passen und Mauern nicht erlaubt sind. Ein Anruf beim Bauamt gibt Sicherheit und bewahrt vor Unannehmlichkeiten.

Eine Gartenmauer passt – wo sie genehmigt ist – gut als Grundstückseinfriedung zur Straße. Hier schützt sie vor Schmutz, Lärm und Einblicken. Sie kann aber auch zur Abteilung von Gartennischen dienen oder als Schutzwand an der Nordseite und hier zugleich als Rückwand für ein Gewächshaus.

Das Betonfundament muss nicht breit sein, aber tief. Normalerweise genügt es, wenn die Sohle so breit ist wie die Wandstärke der Mauer, zumal das Fundament nur von oben belastet wird und fest im Boden sitzt. Beim Erdaushub mit Schaufel und Spaten entsteht aber meistens ein etwas breiterer Graben, der dann mit entsprechend viel Beton ausgegossen wird. Das kann Fertigbeton sein oder selbst gemischter aus dem Betonmischer.

Für den Mauerbau ist eine ausreichende Menge der gewünschten Steine nötig. Der Mörtel wird aus Sand und Zement gemischt. Die Steine werden im Verband mit einer Fugenbreite von etwa 1 cm auf Mörtel gelegt. Je nach Steinart sind verschiedene Verbände möglich. Für den senkrechten Aufbau ist eine Wasserwaage nötig. Die Richtung gibt am Boden das Fundament und oben in Mauerkronenhöhe eine Schnur vor.

S. 124 links: Nachdem der alte Holzzaun entfernt war, stand der massive Mauersockel für den Aufbau bereit.

S. 124 rechts: Betonsteine sind für eine Lärmschutzmauer recht gut geeignet. Hier waren vier Reihen ausreichend.

S. 125 links: Eine Richtschnur gibt den Verlauf vor. Die Steine müssen fest im Mörtelbett sitzen.

S. 125 rechts: Nach dem Streichen mit weißer Farbe bekam die Mauer noch eine Krone aus Titanzinkblech.

Adressen

Das Internet ist eine wahre Fundgrube, ebenso hilfreich sind die Veröffentlichungen der Stiftung Warentest. Sie erhalten eine Auswahl an Adressen.

Sonderveröffentlichungen, Beratungen, Tests
Stiftung Warentest
Lützowplatz 11- 13
10785 Berlin
Telefon 030/2631- 0
Internet www.stiftung-warentest.de

Bundesministerium für Verkehr,
Bau- und Wohnungswesen
Referat Öffentlichkeitsarbeit
Krausenstr. 17 - 20
10117 Berlin
Telefon 030/2008 - 0
Internet www.baunet.de/bauministerium

Deutsche Gesellschaft für Sonnenenergie e.V.
Augustenstr. 79
80333 München
Telefon 089/524071

Gesamtverband Dämmstoffindustrie
Griegstr. 17
22763 Hamburg
Telefon 040/8802042

Bauberatung
Deutsches Institut für Bautechnik
Kolonnenstr. 30
10829 Berlin
Telefon 030/78730 - 0

Arbeitskreis Wohnbau-Modernisierung e.V.
Bahnhofstraße 44
74254 Offenau
Telefon 07136/3322

Öko-Institut e.V.
Postfach 62 26
79038 Freiburg
Telefon 0761/45295 - 0

Literaturhinweis:

Bastian, Hans-Werner: Innenausbau mit System. Niedernhausen 1998
Drexel, Thomas: Dachausbau. München 1998
Drexel, Thomas: Wintergärten bauen. München 1999
Grützmacher, Bernd: Holzhäuser selber bauen und montieren. München 1993
Haefele, Gottfried; Oed, Wolfgang;
Sabel, Ludwig: Hauserneuerung. Staufen 1998
Jocher, Peter: Ein altes Haus wird ausgebaut. München 1998

Bildnachweis:

Alle Bilder von Peter Himmelhuber.

Die Umbauten erstreckten sich über ganze drei Jahre.
Gott sei Dank erlitt bei sämtlichen Abriss- und Aufbauarbeiten keine der beteiligten Personen ernsthafte Verletzungen. In diesem Sinne ist besonders bei solchen Arbeiten, die mit baufälligen Gebäudeteilen und schadhaften Materialien zu tun haben, stets auf Sicherheit zu achten!

CALLWEY

Für die Zukunft gestalten.

Akzente setzen im Garten

Aus alt mach neu! Wie sich Altmaterial im Garten sinn- und fantasievoll wiederverwenden lässt, beweist dieses Buch. Step by step wird erläutert, wie Frühbeete und Gewächshäuser, Kompostgestelle und Gebrauchsgegenstände gestaltet werden. Kreative Ideen, die Umwelt und Geldbeutel schonen!

Wolfgang Grosser/Peter Himmelhuber
Bauen mit Recycling-Materialien im Garten
128 Seiten, 180 Abbildungen. Gebunden.
ISBN 3-7667-1350-7

Gartengestaltung in Eigenregie! Peter Himmelhuber zeigt, wie man einen Garten nach dem Hausbau ganz neu anlegen kann. Von den Erdarbeiten bis hin zur Bepflanzung und Ausstattung werden alle Arbeitsschritte in Wort und Bild vorgestellt. Ein konkreter Ratgeber und ein Wegweiser zum Familien-Garten!

Peter Himmelhuber
Vom Bauplatz zum Garten
128 Seiten, 173 Abbildungen, 5 Zeichnungen.
Gebunden.
ISBN 3-7667-1343-4